Du même auteur

10 étapes pour une vie positive, 2011.

Maquette : Facompo

Traduit de l'anglais (Grande-Bretagne)
par Marie-Christine Guyon

Titre de l'édition originale : *Overcoming Guilt*

First published in Great Britain in 1994 by Sheldon Press,
36 Causton Street, London SW1P 4ST

17, rue du Regard
75006 Paris – France
ISBN : 978-2-84899-726-1

WINDY DRYDEN

SE LIBÉRER DE SA CULPABILITÉ

QUOTIDIEN MALIN
ÉDITIONS

Sommaire

Préface 7

1 – Qu'est-ce que la culpabilité ? 9

2 – Les effets de la culpabilité 23

3 – Le rôle des autres dans notre culpabilité 39

4 – Culpabilité et problèmes connexes 63

5 – Causes particulières de culpabilité 75

6 – Solutions imparfaites 87

7 – Se libérer de sa culpabilité, étape par étape 93

Table des matières 115

Préface

Je donne souvent des conférences destinées au grand public, sur des thèmes relatifs à la santé mentale. La partie à la fois la plus difficile et la plus stimulante de ces séances est le débat qui s'ensuit. Les questions des participants révèlent les problèmes qui leur tiennent le plus à cœur, et montrent à quel point ils ont compris mon discours.

Chaque fois que nous traitons de la culpabilité, leurs interrogations indiquent une profonde confusion en la matière. D'ailleurs, la littérature professionnelle consacrée à ce sujet en est presque au même point ! C'est dans le but d'y mettre un peu d'ordre que j'ai entrepris d'écrire ce livre. Mon intention était notamment de souligner l'indispensable distinction à établir entre la **culpabilité** – qui, selon moi, ne débouche sur rien de positif – et son pendant, beaucoup plus sain : le **repentir constructif**.

Pour répondre aux nombreuses et intéressantes interrogations que le public ou les patients me soumettent depuis des années sur un sentiment aussi pénible à vivre, ce livre est construit sur le mode « questions-réponses ».

Les exemples, directement inspirés du cas de certains de mes patients, figurent ici avec leur entier consentement.

Tout élément identificateur a été modifié par souci de confidentialité.

Windy Dryden

1

Qu'est-ce que la culpabilité ?

Dans ce premier chapitre, nous examinerons ma définition de la culpabilité, exemples à l'appui. Nous étudierons le rôle essentiel que nos attitudes jouent dans ses manifestations. Puis nous expliquerons pourquoi cette culpabilité survient parfois sans raison apparente. Enfin, vous verrez qu'une faute est souvent inévitable et vous apprendrez comment surmonter le sentiment de culpabilité qu'elle engendre.

Qu'est-ce que la culpabilité ?

Selon ma définition, la culpabilité est un sentiment négatif et perturbant, qui survient en présence d'une des trois principales conditions suivantes.

Premièrement, une personne se sent coupable lorsqu'elle considère avoir, par l'un de ses actes, **enfreint un code moral**, un principe, une règle ou une valeur éthique et qu'elle applique à cette interprétation une attitude intransigeante. Comme nous le vérifierons tout au long de ce livre, cette intransigeance est au cœur du sentiment de culpabilité. Ce que le sujet perçoit comme une violation de la morale peut prendre la forme d'une action, d'une pensée ou d'une pulsion.

La personne peut aussi se reprocher de n'avoir pas été à la hauteur de ses principes, ou de s'être montrée inapte à assumer une lourde responsabilité. Là aussi, elle a vis-à-vis de son interprétation une attitude sans concessions.

La deuxième forme de culpabilité s'attache aux **conséquences** de ce qu'on a fait ou de ce qu'on n'a pas fait. Dans ce cas, ce n'est pas l'acte en soi qui constitue, dans notre esprit, une infraction à notre code moral, mais le fait qu'il a entraîné chez autrui une souffrance, d'une nature ou d'une autre. Dans ce type de culpabilité, plus on est proche de la personne meurtrie (parent, enfant, conjoint, par exemple), plus on s'en veut. Comme dans la première forme de culpabilité, l'impression d'avoir blessé quelqu'un n'est pas seule à l'origine des remords : ceux-ci résultent principalement de l'attitude intransigeante qu'on applique à cette interprétation.

Le troisième type de culpabilité diffère des deux premiers, qui concernent soit un acte (ou son absence), soit ses effets néfastes. Ceux-ci naissent d'événements précis, c'est pourquoi on peut utiliser à leur sujet l'expression de *culpabilité ponctuelle*. En revanche, le troisième type, la *culpabilité existentielle*, relève d'une attitude intransigeante de l'individu vis-à-vis de sa personnalité en général, indépendamment de ce qu'il a fait ou n'a pas fait au cours de sa vie. Cette forme de culpabilité, tenace et durable, ne se limite pas à certains épisodes spécifiques de l'existence.

Pourriez-vous illustrer votre analyse par un exemple ?

Prenons l'exemple de la gourmandise. Supposons que vous considériez, à tort ou à raison, avoir fait preuve de gloutonnerie… et que vous ne « démordiez » pas de cette interprétation. Ce n'est pas votre appétit vorace qui vous inspire directement votre sentiment de culpabilité, mais votre réaction face à ce comportement.

Pourquoi nos attitudes jouent-elles un rôle aussi important ?

Les attitudes jouent un rôle primordial car, si vous aviez une attitude plus souple vis-à-vis de vos « écarts de conduite », vous éprouveriez non pas de la culpabilité, mais ce que j'appelle un « repentir constructif ».

Voici, précisément, en quoi je distingue les attitudes inflexibles – cause essentielle de la culpabilité – d'autres attitudes, plus souples, qui sont à la base de ce repentir constructif. Supposons qu'en dépit de vos principes, vous convoitiez le conjoint, ou la conjointe, de votre meilleur(e) ami(e). Selon ma définition de la culpabilité, vos désirs vous inspirent les réactions catégoriques suivantes. Vous vous dites qu'en aucun cas, ce genre d'idées ne devrait vous venir à l'esprit. C'est trop abominable, vous ne pouvez le supporter ! Vous êtes à classer parmi les êtres immoraux et nuisibles, en concluez-vous. Comme vous le verrez plus loin, ces attitudes inflexibles et le sentiment de culpabilité qui en découle vous empêchent de réfléchir, de façon objective et sensée, à ce qui a suscité en vous ces désirs. En d'autres termes, ils vous empêchent de comprendre leur signification vis-à-vis de vos relations avec cette personne, avec son conjoint, et avec le vôtre. Vous en tirez une opinion tellement mauvaise de vous-même qu'il vous est impossible d'extraire de cette histoire un enseignement sur votre personnalité, et sur le rôle que vos pulsions sexuelles jouent dans votre vie.

À l'inverse, un repentir constructif vous inspirerait les réflexions suivantes.

1) Vous considéreriez qu'il est certes préférable de ne pas ressentir ce genre de convoitise, mais qu'après tout, aucune loi physique ne l'interdit à un être humain.

2) Vous vous diriez que ce n'est pas la fin du monde.

3) Vous admettriez que bien que de tels égarements soient difficiles à tolérer, ils le sont pourtant, et que rien ne prouve votre incapacité à le supporter. Enfin, vous vous montreriez

plus compatissant envers vous-même, en vous considérant non pas comme un individu peu recommandable, mais comme une personne faillible. Votre jugement porterait sur votre attirance sexuelle, et non sur votre personnalité dans son entier.

Ces attitudes empreintes de souplesse, et le repentir constructif qui en découle, permettent de réfléchir sur l'origine de cette attirance. Le repentir constructif implique que vous reconnaissiez que quelque chose ne va pas dans votre existence. Il vous incite à appréhender le problème dans ce contexte général.

En résumé, la culpabilité ressentie parce qu'on a violé ses principes, ou qu'on a fait de la peine à un proche, se fonde sur quatre attitudes marquées par l'intransigeance :

– l'exigence,
– la tendance à la diabolisation,
– l'intolérance aux frustrations,
– l'autoflagellation.

Toutes quatre responsables d'une quantité de troubles affectifs, elles empêchent l'individu de tirer une leçon de ses actes.

À l'inverse, celui qui éprouve un repentir constructif, après avoir manqué à ses principes ou fait souffrir un proche, réagit par des attitudes beaucoup plus saines : philosophie du désir, refus de « voir le mal partout », tolérance des frustrations, acceptation de soi. Ces croyances sont saines parce que logiques, cohérentes avec la réalité ; et parce qu'elles nous permettent de tirer un enseignement de nos erreurs.

Certaines personnes disent se sentir coupables sans raison, ou en permanence. Comment l'expliquer ?

Partons de l'hypothèse que ces personnes éprouvent effectivement un sentiment de culpabilité. Je le précise car un sujet qui se déclare coupable s'avère parfois, à l'examen, miné par un autre problème, la dépression, par exemple. Donc, en admettant qu'il s'agisse bien de culpabilité, étudions d'abord le cas de ceux qui affirment se sentir coupables sans raison valable. Ces personnes pensent non pas avoir commis un acte condamnable, mais avoir en permanence un comportement contraire à la morale. J'en fais la démonstration, lors de mes conférences, en demandant aux membres du public s'ils connaissent quelqu'un souffrant de maladie ou de solitude. Plus de la moitié lèvent la main. Je leur demande alors pourquoi ils assistent à une conférence sur la culpabilité, au lieu d'être auprès de la personne en question.

Par là, je cherche à leur faire comprendre qu'il nous arrive d'être dans une situation où, alors que nous pourrions être plus en conformité avec nos valeurs morales, d'autres intérêts prennent le dessus : le travail nous accable, nous avons besoin de repos ou de détente, etc. Les gens reconnaissent qu'il y a un temps pour servir notre éthique, et un autre, à consacrer à d'autres activités. (Non pas que celles-ci soient contraires à la morale ; leur caractère éthique apparaît avec moins d'évidence, c'est tout.) Mais les personnes qui se sentent coupables sans raison valable ont tendance à se croire tenues d'agir sans cesse de façon morale. Souvent, elles éprouvent ce sentiment alors même qu'elles ne croient pas être en deçà de leurs critères moraux élevés. Elles n'ont donc pas tort de déclarer se sentir coupables sans motif, puisqu'elles ignorent la cause de leur culpabilité. Si elles se demandaient, quand elles ont cette impression, ce qu'elles devraient être en train de faire, elles se rendraient davantage compte qu'elles sont en dessous de leurs propres exigences.

La culpabilité sans raison valable peut avoir une autre cause : *objectivement*, vous savez que vous n'avez rien fait de mal ; mais *subjectivement*, vous vous en tenez responsable. Par exemple, vous faites entièrement porter sur vos épaules telle action fautive, alors que vous n'avez fait qu'y prendre part. Pourtant, si on vous demandait ce que vous avez à vous reprocher, vous seriez incapable d'indiquer en quoi vous avez transgressé vos valeurs.

Le DVD d'Isabelle

Isabelle est une jeune femme qui, par éducation, croit que tout échec auquel elle aurait participé, même de très loin, est intégralement à mettre sur son compte. Il suffit que le film qu'elle a loué déplaise au reste de la famille pour qu'elle en porte la faute, considérant que son choix est l'*unique* cause du mécontentement familial. Dans la réalité, la situation n'est jamais aussi simple. Le DVD qu'Isabelle a choisi ne pouvait que plaire à ses proches, mais il s'avère qu'une crise familiale les a empêchés de centrer leur attention sur le film. Isabelle a mis leur insatisfaction uniquement sur son propre compte, en éludant ses autres causes. Objectivement, la jeune femme sait n'avoir rien à se reprocher. Mais subjectivement, elle se charge de toute la faute. Comme elle en est inconsciente, Isabelle s'avoue coupable sans « bonne » raison.

Si, comme Isabelle, vous avez tendance à vous reprocher des déboires dont vous n'êtes qu'une cause minime, il est à parier que le sentiment de culpabilité est chez vous fréquent, voire constant.

Isabelle souffre d'un sens excessif de la responsabilité. Elle surestime la sienne tout en sous-estimant celle des autres, ainsi que les influences extérieures, sur les situations qu'elle traverse. Ainsi, lors de l'épisode du DVD, l'impact de la crise familiale sur l'humeur de son entourage lui échappe complètement, tout comme le degré de responsabilité de ses proches quant au choix du film.

Si vous êtes, vous aussi, atteint d'un sens des responsabilités surdimensionné, sans doute vous croyez-vous apte à maîtriser tous les événements auxquels vous prenez part. De ce fait, quand il s'en produit un sur lequel vous n'avez objectivement aucun pouvoir, vous vous en faites le reproche. Comme nous le verrons plus tard, cette volonté irréaliste de maîtrise absolue se manifeste de façon particulièrement aiguë chez les survivants d'une tragédie. Pour n'avoir pas pu prévenir la catastrophe, ils souffrent du syndrome de stress post-traumatique. Pourtant, les êtres humains n'exercent qu'un pouvoir limité sur leur environnement, puisque celui-ci est peuplé d'autres individus, incontrôlables, ainsi que d'objets, souvent incontrôlables.

Parmi les gens affirmant ne jamais se départir d'un sentiment de culpabilité, figurent aussi ceux qui croient avoir commis un impardonnable « péché ». Outre qu'ils sont conscients de leur méfait, ils se perçoivent comme habités par le mal. Ledit méfait, sous une forme ou une autre, est en contradiction flagrante avec leurs règles morales – il s'agira d'un abus de biens sociaux, par exemple. C'est seulement lorsque ces sujets finissent par s'avouer cet acte, et par le comprendre, tout en envisageant d'éventuelles circonstances atténuantes, qu'ils ressentent un repentir constructif. Cela leur permet alors d'intégrer leur faute dans leur existence et d'aller de l'avant, soulagés du poids permanent de la culpabilité. Dans le cas contraire, ils la garderont sans cesse à l'esprit et, qui plus est, demeureront à tout jamais persuadés de leur mauvaise nature.

Au nombre des culpabilisés permanents, je compte ceux atteints de ce que j'appelle « culpabilité existentielle », c'est-à-dire ceux qui se croient intrinsèquement mauvais. Indépendamment de ce qu'ils accomplissent dans l'existence, ils n'arrivent pas à se défaire de cette certitude. Souvent, ils ont été élevés dans un milieu familial qui les considérait comme le « mouton noir » et les traitait comme tel. Pour les spécialistes des thérapies familiales, ce n'est pas une nouveauté : il est courant qu'une famille fasse de l'un de ses membres un bouc émissaire. En lui attribuant tous les maux, les autres se soulagent du poids de leurs propres infractions à leur morale, ou de leurs problèmes psychologiques. Quelqu'un qui a grandi dans un tel environnement est persuadé d'être mauvais. Jour après jour, l'action des autres membres de la famille, leurs rapports avec lui, ont renforcé cette idée dans son esprit. Si on lui demande en quoi il se pense coupable, il répond qu'il l'ignore. Et c'est la vérité, car cette culpabilité n'est pas liée à un manquement à ses principes. Elle fait foncièrement partie de son identité, croit-il. C'est pourquoi il se sent coupable tout le temps ou presque.

Il arrive qu'un sentiment de culpabilité constante soit un signe de graves troubles psychologiques, une dépression profonde, par exemple. Si vous pensez être dans ce cas, consultez votre médecin traitant, qui vous aiguillera vers un spécialiste. Il n'y a aucune honte à cela et, avec du temps, ce professionnel vous aidera à comprendre comment vous avez acquis cette identité, pourquoi elle vous reste attachée et ce que vous pouvez faire pour en changer, peu à peu.

Est-il possible d'éviter de mal faire ?

Cela dépend de la complexité de la situation. Prenons un exemple simple. Vous enviez le magnifique stylo de votre collègue et rêvez de vous en offrir un du même genre. Un jour, votre collègue l'oublie dans un lieu de passage. Ce serait tellement facile de vous en emparer – personne ne le saurait ! Il est évident que ce larcin est à la fois répréhensible et évitable. Demandez-vous pourquoi vous êtes tenté de dérober cet objet. Voici la réponse probable : « Parce que j'ai vraiment envie de ce stylo. Il me le faut absolument. »

Tentez de changer d'attitude en vous posant la série de questions ci-dessous :

- Pourquoi faut-il que j'entre en possession de l'objet convoité ? [Réponse : il n'y a aucune raison pour cela.]
- Supporterai-je d'être privé de quelque chose que je tiens absolument à posséder ? [Réponse : vous le supporterez évidemment, même si cela vous est désagréable.]
- Est-ce que je tiens vraiment à agir contre mes principes ? [La réponse sera probablement négative.]

Il suffit que vous vous rendiez compte qu'une croyance irrationnelle vous pousse instamment à agir dans le mauvais sens pour parvenir à la chasser de votre esprit et à supporter la privation qui s'ensuit, avec la satisfaction de n'avoir pas transgressé vos valeurs.

Mais souvent, la situation est beaucoup moins claire. C'est le cas, par exemple, lorsque nous avons à assumer plusieurs responsabilités, en conflit les unes avec les autres. Ainsi, il arrive qu'on néglige ses parents pour être davantage présent auprès de son conjoint. Il faut donc admettre cette pénible réalité qu'à faire une action conforme à notre éthique, nous risquons d'être amenés à en faire une autre qui s'y oppose. Y compris quand cet acte sert nos autres valeurs.

L'une de mes patientes tente de concilier ses occupations professionnelles et les soins nécessités par son mari, atteint de sclérose en plaques. De toute évidence, elle mène admirablement de front ses différentes obligations. Pourtant, elle avoue se sentir coupable, lorsqu'elle est au travail, de n'être pas auprès de son mari, et réciproquement. Souffrant de culpabilité et d'anxiété permanentes, elle risque d'être victime du syndrome d'épuisement physique et affectif qui guette les personnes à la fois en charge d'un grand malade et submergées par d'autres tâches.

Si cette femme s'admettait obligée de mal faire (dans le sens où elle ne peut répondre en même temps à deux devoirs), elle parviendrait à s'aménager une existence sans culpabilité. Pour cela, il faudrait qu'elle classe par priorités ses différentes obligations, en établissant entre elles de saines limites. Au travail, elle pourrait ainsi se dire qu'elle est en train de respecter l'une de ses valeurs, au lieu d'être obsédée par l'idée d'en enfreindre une autre, celle qui veut qu'elle prenne soin de son conjoint.

En d'autres termes, il faudrait que cette personne, pendant ses heures de travail, se rappelle qu'elle *doit* y être, et qu'elle ne doit pas, à ce moment-là, prendre soin de son mari, puisqu'après avoir mûrement réfléchi à la situation générale, elle en a décidé ainsi. De même, auprès de son époux, il faudrait qu'elle se dise que son devoir est d'être là et non au travail, dans la mesure où elle a choisi de s'occuper de lui à cette heure de la journée. Si, à l'inverse, elle persistait dans sa philosophie culpabilisante, elle n'aurait plus qu'à se couper en deux ! Pendant qu'une de ses moitiés soignerait le malade, l'autre accomplirait ses tâches professionnelles. J'appelle cela la solution de l'« ubiquité chimérique ». Vous voyez qu'il s'agit là d'une vaine tentative de surmonter une situation de toute évidence difficile.

Encore un mot sur la question de savoir s'il est possible d'éviter de mal faire. Il importe de reconnaître que vos valeurs évoluent avec le temps. Ce qui vous paraît bien à une période de votre existence peut vous sembler inapproprié quelques années plus tard, parce que vous l'envisagez désormais selon une nouvelle perspective. Vous risquez alors d'en éprouver une culpabilité, en vous disant que vous n'auriez pas dû agir ainsi *à ce moment-là*, au motif que cela vous paraît mal *aujourd'hui*. Pour surmonter ce sentiment coupable, vous devez porter un regard honnête sur ce qu'étaient vos valeurs à l'époque, et sur le mode de pensée qui commandait vos décisions. Ne commettez pas l'erreur de juger d'actes passés selon vos normes et attitudes actuelles.

En résumé, lorsque vous êtes dans une situation simple – votre comportement est clairement fautif –, vous pouvez y remédier en étudiant avec soin les croyances irrationnelles qui vous poussent à commettre l'acte en question. Après les avoir identifiées, vous leur porterez un regard critique puis vous vous en débarrasserez. Mais souvent, la situation, complexe, met vos différentes valeurs en contradiction. En tentant d'agir conformément à certaines, vous en enfreignez d'autres. Impossible, dans de telles circonstances, d'éviter de mal faire ! Enfin, n'oubliez pas que vos valeurs évoluent avec le temps et que ce qui vous semblait bon avant peut vous paraître mauvais maintenant. Vous devez alors vous remémorer votre point de vue de l'époque, vous interroger sur les valeurs qui étaient les vôtres. Ne jugez pas vos actes passés à l'aune de vos idées et principes d'aujourd'hui.

Je ressasse sans cesse un acte commis dans le passé. Comment me débarrasser de ce remords obsédant ?

Quand vous ruminez sur l'un de vos comportements passés, que vous pensez avoir commis contre votre morale ou au préjudice d'autrui, vous vous dites : « Je n'aurais absolument pas dû faire ça. » Vous vous rongez les sangs en vous remémorant sans cesse cet épisode, et en vous demandant ce que vous auriez pu faire pour l'éviter. Vous vous faites des réflexions telles que : « Si seulement j'avais su alors ce que je sais aujourd'hui, je n'aurais pas agi ainsi », ou bien : « J'aurais pu trouver le moyen de m'en abstenir. »

Cette idée selon laquelle vous n'auriez pas dû agir ainsi est absurde. Votre acte était motivé par ce que vous perceviez et compreniez *alors* de la situation. Toutes les conditions étaient réunies pour que vous agissiez de cette manière. Affirmer que vous n'auriez pas dû le faire revient à prétendre que la réalité de l'époque n'aurait pas dû être. Pourtant, nous savons bien qu'elle a existé ; toutes les conditions étant réunies pour cela, il était même fatal qu'elle se produise. Certes, si vous aviez possédé le savoir qui est le vôtre aujourd'hui, vous auriez pu agir autrement. Et, bien entendu, il serait magnifique de pouvoir remonter le temps et annuler nos actes, en fonction des connaissances acquises depuis, et de la compréhension qu'elles nous en apportent. Mais vouloir vous être comporté alors comme vous vous comporteriez à l'heure actuelle, c'est demander l'impossible. Par conséquent, au lieu de vous fustiger, agissez comme ceci :

- reconnaissez que vous vous êtes comporté d'une façon que vous considérez moralement inacceptable ;
- identifiez, remettez en question et faites évoluer cette conviction, source de culpabilité, selon laquelle vous n'auriez jamais dû agir ainsi et êtes, pour cette raison, mauvais par nature ;
- comprenez que dans les circonstances d'alors et compte tenu des croyances qui étaient les vôtres, vous ne pouviez vous comporter autrement.

Je le répète, il fallait que vous agissiez exactement ainsi, de par votre mentalité de l'époque. Admettez que quand un événement passé vous poursuit, c'est parce que vous voudriez avoir su, à ce moment-là, ce que vous savez aujourd'hui. L'idée est séduisante, mais utopique.

Des convictions similaires se manifestent chez ceux qui, témoins d'une situation dramatique, se sont abstenus d'y prendre part, ou ont porté secours à certaines personnes et pas à d'autres. Dans leur esprit, cela s'exprime sous cette forme : « J'aurais dû faire ce que je n'ai pas fait. » Là encore, c'est humainement impossible.

Supposons que, témoin d'un vol à la tire, vous preniez le parti de ne pas intervenir. Votre inaction s'explique par les pensées et émotions qui vous sont venues à cet instant. Peut-être avez-vous eu peur d'être blessé par l'agresseur ? En examinant la situation, et en identifiant la peur comme motif de votre attitude, vous comprendrez pourquoi vous êtes resté passif. Inutile de vous dire que vous auriez dû faire quelque chose, puisque telles étaient vos pensées et vos émotions à ce moment précis.

Imaginons maintenant que vous ayez réussi à sauver telle victime d'une catastrophe, mais pas telle autre. Votre réaction s'explique par l'état d'esprit qui, en cet instant, a pesé sur votre choix. Peut-être vous dites-vous : « Si j'avais réfléchi, j'aurais trouvé le moyen de les sauver tous les deux. » Cette vision des choses n'est qu'une variante de : « J'aurais dû faire ce que je n'ai pas fait. » Je vous rappelle qu'en les circonstances, vous ne pouviez absolument pas agir autrement. Il se peut que si le cas se présentait de nouveau, vous feriez un choix différent, guidé par l'enseignement de la précédente catastrophe. Il n'empêche qu'il n'existe aucune raison pour laquelle vous auriez dû agir autrement au moment des faits. Croire que vous auriez dû savoir ce que vous ignoriez alors revient, une fois de plus, à demander l'impossible. Vous ne pouvez rien changer à votre savoir et à vos décisions de l'époque.

Vous dire : « Je n'aurais pas dû agir ainsi » ou « J'aurais dû faire ce que je n'ai pas fait », c'est comme décréter que la réalité n'aurait pas dû être la réalité. Concernant une réalité passée, une chose est sûre, c'est qu'elle s'est produite parce que toutes les conditions étaient réunies pour cela. Mais il est impossible de remonter le temps afin de rectifier votre attitude d'alors. En bref, on ne réécrit pas l'histoire !

Il me reste à évoquer une autre situation, également propre à vous inspirer des remords sur vos erreurs passées. Nous avons tendance à faire peser, sur un acte passé, une règle morale à laquelle nous n'adhérions pas à l'époque. Dans ce cas, même si nous ne nous considérions pas coupables à ce moment-là, nous nous abreuvons de reproches *a posteriori*. Là aussi, nous devons comprendre que notre comportement a été déterminé par la perspective que nous avions alors de la situation, et qu'influençait notre règle morale du moment. Nous en sentir coupables aujourd'hui, c'est croire que nous aurions dû respecter en cette période passée nos principes de maintenant. Cette projection de valeurs actuelles sur un comportement passé est une fois encore une tentative de réécriture de l'histoire. Au lieu de tenter l'impossible, pourquoi ne pas accepter le fait que, ce jour-là, nous avons agi dans le sens de ce qui nous semblait bien, même si, aujourd'hui, nous considérons que c'est mal ?

En résumé, chaque fois que le souvenir d'une faute passée vous mine, dites-vous que vous cherchez à défaire ce qui ne saurait être défait. Acceptez cette triste réalité, renoncez à vos prétentions à la transformer, et tirez un enseignement de cette expérience. Ainsi, vous consacrerez votre énergie à changer ce qui peut l'être, c'est-à-dire votre comportement futur, au lieu de modifier ce qui ne peut l'être : votre comportement passé.

2

Les effets de la culpabilité

Ce chapitre est consacré aux principaux effets de la culpabilité : peur, dépression et sentiment de solitude. Nous explorerons le comportement des personnes qui en sont affectées, et notamment de celles qui, pour y échapper, développent des troubles obsessionnels compulsifs.

La culpabilité n'est-elle pas utile, en ce qu'elle nous aide à comprendre ce qui ne va pas chez nous ?

Des autorités en psychologie considèrent que la culpabilité nous alerte sur ce qui ne va pas dans notre existence. Il est vrai qu'elle a son utilité car elle nous rappelle à nos principes. En nous indiquant que nous aurions pu agir autrement, elle souligne notre capacité à influer sur le cours de notre vie. Enfin, elle valorise la réconciliation et le pardon. Je m'accorderais avec ces grands spécialistes si, en lieu et place de « culpabilité », ils parlaient de « repentir constructif ». Mais on néglige souvent de distinguer ce que j'appelle une culpabilité malsaine (qui découle d'une perception rigide de nous-même et de nos comportements) de ce repentir constructif (né d'une attitude souple et compassionnelle). Cette confusion est l'une des principales raisons qui m'ont convaincu d'écrire ce livre.

Je reconnais que la culpabilité présente effectivement l'avantage d'attirer notre attention sur un problème. Mais ses effets néfastes surpassent souvent les conséquences positives de son rôle d'avertisseur. En ce sens, elle est comparable à un détecteur de fumée qui se déclencherait alors que la cuisine est déjà envahie par les flammes. L'incendie détournerait évidemment votre attention du système d'alarme.

Avec le repentir constructif comme système d'alarme, le feu ne ravage pas la cuisine. Résultant d'une philosophie souple, et non d'une morale exigeante et accusatrice, ce sentiment signale simplement que vous avez manqué à vos principes. Il indique que vous êtes plus apte que vous ne le croyez à maîtriser une situation, grâce aux leçons tirées de vos erreurs passées. Et il vous aide à vous réconcilier avec les autres, voire à demander leur pardon, s'il s'avère que vous leur avez réellement porté préjudice. Le repentir constructif procure donc tous les bienfaits que certains de mes confrères attribuent à la culpabilité, sans vous écraser de ses conséquences négatives, qui détournent votre attention de la cause de vos problèmes.

En outre, la culpabilité vous empêche d'appréhender objectivement une situation dans toute sa complexité, tandis que le repentir constructif permet d'en soupeser avec justesse les différents facteurs. Le sentiment de culpabilité vous incite à surestimer votre degré de responsabilité, tout en minimisant l'influence des causes qui vous sont étrangères. Pour employer une analogie légèrement différente de celle qui précède, la culpabilité fonctionne comme un système d'alarme qui indiquerait que tout l'immeuble est en feu, alors que le repentir constructif signale l'origine précise de l'incendie.

Sandra et sa double culpabilité

Sandra promet à une amie de déposer une de ses robes chez le teinturier, afin qu'elle la récupère à temps pour une fête organisée le week-end suivant. Malheureusement, elle oublie de lui rendre ce service, et s'en mord les doigts lorsqu'elle s'en rend compte. En effet, elle considère qu'en toutes circonstances, elle doit tenir ses engagements. Si Sandra ressentait non pas une culpabilité malsaine, mais un repentir constructif, elle accepterait sa condition d'être humain, qui n'est pas à l'abri d'une erreur. Cela lui permettrait une réflexion objective et lucide sur le problème, et donc sur l'identification de son origine. Il lui serait alors plus facile de réparer ses torts. Elle présenterait ses excuses à son amie pour les désagréments subis. Et elle pourrait chercher avec elle comment rectifier le tir. Mais Sandra n'éprouve que de la culpabilité. Tout ce qu'elle en tire, c'est la crainte de susciter la colère de son amie, et de gâcher sa soirée entièrement par sa faute. Ses interprétations négatives l'amènent à prétendre qu'on lui a volé le sac contenant la robe, dans le seul but de s'absoudre de toute responsabilité. Cela ne fait qu'aggraver la situation puisque dès lors, Sandra s'en veut non seulement d'avoir manqué à sa promesse, mais aussi d'avoir menti à son amie. Par conséquent, la culpabilité, au lieu de lui servir de signal d'alarme, l'a incitée à commettre un autre dérapage, dans une vaine tentative de surmonter sa honte de n'avoir pas tenu son engagement.

Comme le montre cet exemple, le sentiment de repentir constructif vous aide à identifier ce qui ne va pas, dans une situation, et à rectifier celle-ci avec objectivité. La culpabilité, en revanche, ne permet pas de définir avec exactitude la source du problème. De plus, elle conduit à toutes sortes d'interprétations négatives sur la situation dont vous vous attribuez l'entière responsabilité. Enfin, elle vous incite à commettre de nouvelles erreurs, que vous ne manquerez pas de vous reprocher. En d'autres termes, la culpabilité, contrairement au repentir constructif, amène avec elle une quantité de nuisances qui en annihilent tout effet favorable.

Quels autres sentiments accompagnent la culpabilité ?

La culpabilité s'accompagne souvent de trois autres états affectifs, collectivement désignés par certains spécialistes sous le nom de « moi sanction ». Le premier de ces états est le **sentiment de peur**. Quelqu'un qui se juge mauvais a tendance à croire qu'il mérite un châtiment, et craint donc d'en faire l'objet. Pour certains pratiquants, élevés dans une conception sévère et vengeresse de la religion, c'est Dieu qui l'applique sous forme d'événements malheureux, éventuellement par l'intermédiaire d'autrui. Par ailleurs, il arrive que le sujet appréhende d'en venir à s'infliger lui-même sa punition, sous forme physique ou autre.

Le deuxième état affectif qui se manifeste souvent en parallèle d'une culpabilité est la **dépression**. L'autoaccusation est une attitude courante chez les patients qui en souffrent. Ceux qui ont tendance à se sentir coupables se déclarent mauvais, méchants, ou nuls, ce qui alimente la dépression plutôt que la culpabilité. Lorsque leur culpabilité est d'ordre existentiel (ils se trouvent mauvais par nature, quelle que soit leur conduite), leur dépression est liée à leur manque d'espoir en l'avenir, puisqu'il leur semble impossible de changer de nature.

Le troisième de ces états affectifs est le **sentiment d'isolement**. Quand on est persuadé d'être habité par le mal, on part du principe que les autres partagent cette opinion. On a tendance à se replier sur soi-même, à éviter la vie en société, en préférant souffrir de solitude plutôt que de côtoyer autrui, au risque de se voir rejeté.

Le repentir constructif est beaucoup moins susceptible d'engendrer la peur, la dépression ou le sentiment d'isolement. En effet, il n'amène pas la personne à se juger mauvaise, au motif qu'elle a violé sa morale. Il l'incite à accepter sa nature faillible, sans croire que ses péchés supposés lui devront forcément le châtiment éternel. Par ailleurs, lorsqu'on s'accepte au lieu de se condamner, on se sent triste d'avoir manqué à ses principes, mais pas déprimé.

Enfin, le repentir constructif nous incite moins que la culpabilité à penser que les autres vont nous rejeter. En effet, comme nous ne nous jugeons pas mauvais, nous avons moins tendance à croire qu'autrui va nous tenir pour tel. Nous allons donc plus volontiers vers les autres, au lieu de nous replier sur nous-même. Si l'alliance de culpabilité, de peur, de dépression et d'isolement constitue le « moi sanction », le repentir constructif, le désir de progrès et la tristesse pourraient se désigner sous le nom de « moi compassion ».

Quels comportements la culpabilité entraîne-t-elle ?

Selon les émotions que nous ressentons, nous avons tendance à agir de telle ou telle manière – le terme de « tendance » n'impliquant pas forcément la concrétisation d'un acte. La culpabilité s'accompagne d'une tendance à agir de plusieurs manières définies. Certaines personnes, croyant que leurs fautes méritent punition, éprouvent l'envie de s'infliger des souffrances physiques, en se cognant la tête contre un mur, en se lacérant la peau ou en se brûlant avec des cigarettes, par exemple. Une minorité d'entre elles passent à l'acte. Pour éviter d'en arriver à des lésions permanentes, voire à un acte irréparable, il faut absolument qu'elles consultent.

D'autres, persuadées d'avoir nui à quelqu'un, n'ont de cesse d'obtenir son pardon. Accablées par la culpabilité, elles sont capables de se jeter littéralement à genoux pour le supplier de les absoudre. Comme nous le verrons bientôt, cette attitude diffère d'un échange d'adulte à adulte, qui, fondé sur l'acceptation de soi, consiste simplement à faire amende honorable.

La culpabilité incite aussi à s'interdire le plaisir qu'on estime ne pas mériter. La personne qui en est atteinte se privera ainsi d'activités qu'elle apprécie, tant qu'elle n'aura pas « expié » son péché. Certains, alors même qu'ils ont reçu pardon ou absolution, s'autocondamnent pour un temps à la privation de plaisirs : par exemple, ils entreprennent de jeûner dans un but de purification, ou s'obligent à telle ou telle corvée, éventuellement au bénéfice d'autrui. Dans ce dernier cas, leur motivation n'est pas d'aider leur prochain en difficulté, mais de s'infliger une souffrance, en punition d'une faute.

Un autre comportement courant chez les individus qui se sentent coupables consiste à se plonger dans des activités propres à leur faire oublier la cause de leurs remords. Certains s'absorbent dans le travail, tandis que d'autres se perdent dans la boisson. Pour eux, l'oubli de la faute représente un moyen implicite de surmonter leur culpabilité. Bien entendu, le procédé ne fonctionne qu'à court terme, sans quoi on risque de se laisser envahir par ses occupations professionnelles ou, pire, de sombrer dans l'alcoolisme. Ce besoin d'oubli a engendré chez vous un problème d'alcool ? Consultez votre médecin et demandez-lui de vous orienter vers un spécialiste.

Les individus qui connaissent davantage le repentir constructif que la culpabilité réagissent différemment. Ne s'autocondamnant pas à un châtiment, ils s'abstiennent de comportements d'automutilation. Ils ne se privent pas non plus de plaisirs, sous prétexte qu'ils ne les mériteraient pas. Simplement, leurs remords les amenant à reconnaître leurs erreurs, ils s'efforcent de corriger celles-ci, dans la mesure du possible. Et comme ils acceptent leur condition faillible, ils parviennent à poursuivre normalement leur existence, en tirant un enseignement de l'expérience, bien décidés qu'ils sont à éviter de « récidiver ».

Enfin, ces personnes, assumant la responsabilité de leurs actes et s'acceptant elles-mêmes, malgré leurs erreurs, tendent plus que les autres à y réfléchir et à en tirer une leçon, au lieu de s'en écarter en s'absorbant dans des comportements visant à les leur faire oublier.

Sachant ma culpabilité néfaste, je m'en veux de me sentir coupable. Cela fait deux problèmes pour le prix d'un. Que faire ?

Les gens qui s'en veulent de se sentir coupables rencontrent non seulement deux, mais trois problèmes pour le prix d'un, comme l'illustre l'exemple de Stéphane.

La colère de Stéphane

Stéphane était venu me consulter à propos de ses fréquentes crises de colère vis-à-vis de sa compagne, pour peu que celle-ci le prive de ce qu'il considérait comme ses prérogatives. Son principal problème résidait donc dans cette irascibilité. En outre, Stéphane culpabilisait de cette colère, car a) il y voyait une émotion néfaste et non constructive, et b) il n'était pas, selon lui, en droit de l'éprouver.

Lui ayant fait comprendre que sa culpabilité l'empêchait d'analyser les causes de sa colère, je l'encourageai à commencer par lui substituer un repentir constructif, qui serait plus à même de l'aider dans cette démarche. Stéphane, en homme intelligent, comprit bientôt que sa culpabilité ne faisait qu'aggraver ses problèmes. Mais cette découverte eut pour effet d'en engendrer un troisième : sa culpabilité constituait un nouveau motif de colère. Comme il l'expliquait lui-même : « Je me rends compte que ma culpabilité entrave mes efforts pour corriger mon côté caractériel. À cause d'elle, je ne peux progresser. Pour bien faire, je ne devrais absolument pas me sentir coupable. Mais je n'y parviens pas, je suis un imbécile et un incapable. » Stéphane s'en voulait de s'en vouloir... Par conséquent, son troisième problème consistait en une colère envers lui-même.

→

Stéphane se trouvant maintenant face à trois problèmes pour le prix d'un (celui qui l'avait amené à me consulter), ma tâche se compliquait. Je lui conseillai d'accepter sa tendance à la culpabilisation. Certes, celle-ci ne l'aidait pas. Mais il devait admettre qu'en tant qu'être humain faillible, il pouvait lui arriver d'agir contre son propre intérêt. Puis je l'aidais à dépasser cette culpabilité en l'amenant à comprendre que si ses crises de rage lui étaient nuisibles ainsi qu'à son couple – et pouvaient donc se qualifier de fautives – il n'y avait aucune raison pour qu'il soit à l'abri de tels écarts, compte tenu de sa nature humaine faillible. Encore une fois, cela lui permettait de s'accepter, avec ses erreurs, au lieu de se juger irrémédiablement et par essence « mauvais ». C'est seulement alors qu'ensemble, nous sommes parvenus à surmonter le problème pour lequel il était venu me voir, son irascibilité.

Si, à ce stade de votre lecture, vous convenez avec moi que la culpabilité est un sentiment négatif et malsain, avouez qu'il peut vous arriver, comme à Stéphane, d'enrager contre vous-même et contre votre éventuelle tendance à culpabiliser à la moindre erreur de parcours. La seule façon d'y remédier est de vous exercer à accepter votre nature d'humain faillible, capable d'actes fautifs et propres à susciter en vous une culpabilité. Grâce à cette tolérance, vous parviendrez mieux à comprendre l'origine de ce sentiment et à le dominer, en le remplaçant par un repentir plus constructif.

Il paraît que la culpabilité joue un rôle dans les troubles obsessionnels compulsifs. Comment l'expliquez-vous ?

La culpabilité joue un rôle essentiel dans une forme particulière de trouble obsessionnel compulsif, qui consiste à tout vérifier. Chaque fois qu'elle s'absente, la personne vérifie à n'en plus finir qu'elle a bien débranché tel appareil, éteint le gaz, la lumière, fermé la porte… Chez les sujets les plus atteints, cela peut durer des heures. Cette manie résulte d'une tendance à endosser une responsabilité excessive pour des événements concernant le domaine personnel (ou territoire psychologique) de l'individu concerné. Ceux qui en sont affectés parviennent à une amélioration de leur état lorsqu'une personne de confiance accepte de se charger de cette tâche. De même, quand ils arrivent dans un nouvel environnement (en cas d'hospitalisation, par exemple), leurs troubles s'atténuent dans une large mesure... jusqu'à ce qu'ils intègrent ce nouveau milieu à leur territoire psychologique, celui dont ils se sentent personnellement responsables.

Ce phénomène explique la tendance de certains à ne partir en vacances que pour de brèves périodes. En effet, s'ils restaient dans leur lieu de villégiature trop longtemps, ils commenceraient à s'y sentir à leur aise et à le considérer comme leur territoire psychologique. Et leur manie de la vérification réapparaîtrait.

Vous pensez avoir un comportement obsessionnel compulsif ? Demandez-vous si les croyances suivantes vous caractérisent :

- Je suis totalement responsable de ce qui se passe autour de moi.
- S'il se produit dans cet environnement un événement fâcheux, que j'aurais théoriquement pu éviter par mon comportement de vérification, je suis coupable de n'avoir pas fait ce que j'étais dans le devoir absolu de faire.

En psychologie, c'est un fait bien connu que plus nous tentons de dominer nos pensées, ou d'en chasser certaines, plus elles nous assaillent. Pour vous en convaincre, voici une petite expérience. Fermez les yeux et songez à un éléphant rose. Puis dites-vous maintenant que vous ne devez absolument pas penser à un éléphant rose. Eh bien, ce à quoi vous pensez... c'est précisément un éléphant rose !

Une personne qui consulte dans le but de surmonter ses pensées obsessives apprend à comprendre que nul ne possède la maîtrise complète de son cerveau et qu'il est normal que des idées incongrues nous traversent l'esprit, et ce, surtout dans les endroits où elles nous paraissent le plus déplacées. C'est pourquoi il arrive qu'on ressente, dans une église par exemple, d'envahissantes pulsions sexuelles, justement parce qu'on considère que, dans ce lieu sanctifié, de tels désirs n'ont pas à survenir.

Les pensées sont à distinguer des pulsions, elles-mêmes différentes des actes qui, à leur tour, ne doivent pas être assimilés à notre être dans son intégralité. Certaines personnes se croient mauvaises simplement parce qu'elles ont eu une idée mauvaise. En fait, nous ne maîtrisons pas forcément ces idées dites « mauvaises », en particulier lorsqu'elles nous viennent en des lieux où elles nous semblent déplacées. En outre, le fait que ces idées nous effleurent l'esprit ne signifie pas que nous nous sentirons poussés à les concrétiser. Et même si nous éprouvions ces pulsions, nous ne les traduirions pas nécessairement en actes. Enfin, lorsqu'un individu cède de manière répétée à ses pulsions, c'est non pas la preuve de sa nature mauvaise et condamnable, mais signe qu'il est atteint de troubles psychologiques.

La culpabilité pèse aussi sur les obsessionnels compulsifs dans le cadre professionnel, car ils ont tendance à éviter les responsabilités, alors même qu'ils sont tout à fait compétents pour les assumer. En effet, convaincus qu'il leur faut remplir leur mission à la perfection, ils se trouveraient « nuls » à la moindre défaillance. Cette conviction qu'il faut absolument bien faire explique que, souvent, ces personnes ne portent pas leurs tâches à leur aboutissement. Elles passent de l'une à l'autre, laissant chacune inachevée pour ne pas avoir à s'en rendre responsables. Cela ne leur évite pas de se sentir coupables : en effet, elles sont également persuadées que cet inachèvement démontre leur comportement irresponsable, et donc leur mauvaise nature.

Enfin, le sentiment de culpabilité des obsessionnels compulsifs les empêche d'exprimer leur colère. En effet, en la laissant éclater, ils craignent de blesser la personne qui la leur inspire. Une fois de plus, c'est quelque chose qu'ils s'interdisent, considérant qu'ils seraient « mauvais » s'ils se le permettaient.

Votre comportement obsessionnel compulsif perturbe votre existence ? Admettez qu'il vous faut l'aide d'un spécialiste, c'est important. Les troubles de ce genre ne relèvent pas de la maladie mentale, sauf dans des cas extrêmes, et il existe des traitements pour y remédier. S'ils nuisent à votre équilibre, demandez à votre médecin de vous orienter vers un psychiatre ou un psychologue clinicien.

Quels sont les autres effets de la culpabilité ?

Les habitués du sentiment de culpabilité ont tendance à se reprocher plus lourdement que les autres leurs infractions à leurs principes et leurs conséquences, ainsi que les torts qu'ils peuvent avoir causés. Cette responsabilisation excessive trouve ses origines dans l'enfance, époque où ils se percevaient comme le centre de l'univers, ce qui explique qu'ils s'imputent la charge de tout ce qui se passe autour d'eux. En d'autres termes, cette tendance constitue une étape naturelle du développement humain. En grandissant, la plupart des sujets acquièrent sur leur responsabilité individuelle une perspective plus saine et plus réaliste, dans laquelle entrent en compte tous les autres facteurs susceptibles d'influencer les événements qui les concernent. Mais certains n'arrivent pas à évoluer au-delà de leur position égocentrique, qu'ils conservent une fois adultes.

Si certaines personnes ont un tempérament à assumer une responsabilité trop lourde dans les événements qui les touchent, il existe des circonstances dramatiques, dans lesquelles la plupart d'entre nous endossent une culpabilité excessive. Quand on travaille auprès de familles comptant un enfant atteint d'une maladie ou d'un handicap, on observe que, tôt ou tard, tout parent déclare : « Il me semble que par sa maladie ou son handicap, il paye pour mes fautes. C'est injuste, il souffre à cause de moi. »

En outre, les personnes qui culpabilisent exagérément dans des cas de ce genre considèrent que si elles avaient agi de telle ou telle manière, elles auraient pu empêcher la situation de se produire. Dans l'exemple ci-dessus, les parents croient qu'ils auraient pu faire quelque chose pour éviter la maladie ou le handicap de leur enfant. Ils savent bien que cette réaction est irrationnelle, mais c'est plus fort qu'eux. Ils ont la conviction qu'ils *auraient dû* exercer sur les circonstances un pouvoir supérieur à ce qui était réellement possible. Il n'est guère probable que ces parents auraient pu faire quoi que ce soit pour prévenir la maladie ou le handicap de leur enfant, surtout compte tenu de l'origine génétique d'un bon nombre de ces affections. Et bien évidemment, leur conduite morale n'a rien à voir avec l'apparition de ces pathologies. La tendance à endosser un surcroît de responsabilité dans de tels drames est sans doute liée à la certitude qu'on devrait avoir une bien plus grande maîtrise du cours de son existence que dans la réalité.

Pour éviter d'adopter ce mode de pensée, commencez par abandonner l'idée selon laquelle vous possédez une ample maîtrise sur ce qui vous environne. Je ne prétends pas là que votre libre arbitre est limité. Mais vous devez comprendre que votre influence n'est qu'un facteur parmi d'autres, complexes et importants, à prendre en compte lorsque vous estimez votre responsabilité personnelle.

On peut envisager la responsabilité sous la forme d'une échelle à cinq degrés : celle qui vous est imputable dans une situation donnée peut être de 0 % à 100 %, en passant par 25, 50 et 75 %. Les personnes caractérisées par un sens excessif de la responsabilité situent souvent la leur à 75 % voire, encore plus fréquemment, à 100 %. Pourtant, il est rare qu'elles s'attribuent 100 % de l'origine d'un événement agréable !

Une autre méthode consiste à répartir de façon équitable la responsabilité entre les nombreux facteurs entrant éventuellement en jeu dans l'événement examiné. Voici un exemple de ce partage :

Alice face au vol

Alice a perdu un trousseau de clés confié par une collègue. Elle craint que quelqu'un ne les trouve et s'en serve pour ouvrir un placard contenant du matériel coûteux. Dans l'hypothèse où ce matériel serait volé, je lui demande qui en porterait la responsabilité. « Moi, évidemment », me répond-elle. « C'est donc vous, lui dis-je, qui auriez pris les clés, ouvert le placard et volé le matériel ? » Alice en reste toute déconcertée : il ne lui serait pas venu à l'esprit que la responsabilité du vol puisse être partagée.

De quoi Alice est-elle responsable ? D'après moi, elle l'est seulement d'avoir égaré les clés. Si un collègue les a prises pour dérober le matériel, c'est à lui qu'il faut imputer le vol, et non à la jeune femme. En exposant à Alice ma théorie du partage des responsabilités, je parviens à la faire changer d'avis. Elle ne s'attribue plus 100 % de la faute, mais 30 %. Cela me paraît encore assez élevé, mais par rapport au début de notre entretien, elle a accompli un important progrès. Le lendemain, il s'avère qu'un collègue a trouvé le trousseau et l'a rangé en lieu sûr. Elle rira de bon cœur quand, l'apprenant, je lui déclarerai : « Je suppose que vous êtes entièrement responsable aussi de la découverte des clés ! »

Pour terminer, j'évoquerai une triste et rare situation, pour souligner à quelles extrémités en arrivent parfois les gens qui portent le poids de responsabilités exagérées. C'est le cas de certaines personnes qui, lorsqu'un crime est commis près de chez elles, s'en attribuent l'entière faute. Cette conviction les conduit à avouer, de manière compulsive, des actes qui leur sont tout à fait étrangers.

Comme le disait à juste titre un grand rabbin : « Nous sommes responsables dans les limites de notre sphère d'influence. » Pour la plupart d'entre nous, il est évident que quelqu'un qui s'accuse, alors qu'il est innocent, d'un délit commis dans son quartier, assume une responsabilité largement extérieure à sa sphère d'influence. Il n'en reste pas moins que cette personne est sincèrement persuadée de sa faute, puisque cet acte s'est produit dans les limites de son domaine personnel. Cette tendance irrépressible à s'avouer coupable alors qu'on ne l'est pas est signe de troubles graves, nécessitant un traitement psychiatrique.

L'excès de responsabilisation alimente la culpabilité mais, en soi, il ne l'induit pas. En fait, celle-ci résulte de l'exigence de faire, ou de ne pas faire, telle ou telle chose, que vous vous imposez dans des domaines dont vous vous considérez responsable. Dès lors que vous vous fixez un ensemble d'obligations de cette sorte, qui se trouvent au cœur du sentiment de culpabilité, votre mode de pensée vous amène à assumer une bien plus lourde responsabilité que celle qui est réellement la vôtre.

Comme nous le verrons par la suite, pour ramener votre sens des responsabilités à des limites humaines, et devenir apte à évaluer le poids d'autres facteurs influant sur un événement négatif, il faut que vous renonciez d'abord à votre intransigeante mentalité, pour ce qui concerne les transgressions de votre code moral et les préjudices que vous infligez à autrui. Quand on se sent profondément coupable, il est difficile d'adopter un point de vue objectif sur la responsabilité !

3

Le rôle des autres dans notre culpabilité

Dans ce chapitre, nous nous interrogerons sur le poids que les autres font peser sur nous, par leurs reproches ou leurs accusations. Nous examinerons aussi nos éventuelles difficultés à avouer nos « fautes ». Et nous découvrirons un point capital : ce ne sont pas les autres qui nous font sentir coupables, mais nous seuls !

D'après vous, notre culpabilité accroît nos chances de violer nos règles morales et de faire souffrir autrui. J'aurais cru qu'elle permettait, au contraire, de l'éviter. Pouvez-vous m'éclairer ?

Quelqu'un qui se sent coupable d'avoir enfreint ses principes, par exemple, considère qu'il n'aurait jamais dû le faire, et que cela prouve qu'il est intrinsèquement « mauvais ». Accablé par cette idée, il lui est difficile de réfléchir avec le recul nécessaire aux raisons pour lesquelles il a violé son code moral, et aux mesures à prendre pour éviter de recommencer. N'ayant tiré aucune leçon de cet écart, il risque beaucoup plus de récidiver que s'il avait éprouvé un repentir constructif. Celui-ci l'amènerait, au contraire, à résoudre le problème, en trouvant quoi faire, dorénavant, pour ne pas le reproduire.

En bref, la culpabilité vous empêche de comprendre vos erreurs et d'en tirer un enseignement, tandis que le repentir constructif vous aide à réfléchir avec objectivité à l'attitude à adopter dorénavant dans les mêmes circonstances.

La question ci-dessus m'inspire une seconde réponse, légèrement différente. En vous qualifiant de mauvais, au lieu d'admettre simplement qu'en raison de votre nature faillible vous vous êtes mal conduit, vous portez un jugement sur votre identité profonde. Et comment se comporte quelqu'un de « mauvais » ? Par définition, il agit mal, ou méchamment. Cette condamnation sans appel ne peut que vous amener à continuer à violer votre éthique, puisque vous vous croyez voué à mal agir et que quelqu'un de mauvais ne saurait avoir un comportement moral.

À l'inverse, en acceptant votre caractère d'être humain faillible, et en assumant la responsabilité de vos actes, vous auriez sur votre personne un jugement moins impitoyable, qui laisserait la porte ouverte à un progrès. Si vous vous considériez faillible, c'est-à-dire apte à agir en bien ou en mal, vous pourriez apprendre par l'expérience, et vous comporter à l'avenir de manière plus conforme à votre morale.

J'illustrerai cette analyse par un petit travers fort répandu : la gourmandise.

Le régime interrompu de Jeanne

Jeanne était au régime depuis deux semaines, et cela lui réussissait. Mais elle apprit une mauvaise nouvelle concernant l'une de ses proches. Elle y réagit, comme chaque fois que quelque chose la rendait malheureuse, en cherchant un réconfort immédiat dans la nourriture. Culpabilisant d'avoir interrompu son régime, Jeanne se sentait complètement nulle. Ce sentiment de culpabilité, et l'identité méprisable qu'elle s'attribuait, ne firent qu'accentuer sa gourmandise, dans une vaine tentative de surmonter son désarroi, justement en raison de sa tendance à apaiser ses tourments par la nourriture. En outre, se croyant « nulle » par nature, elle persistait dans son comportement négatif. Ainsi, la réalité reflétait l'opinion qu'elle portait sur elle-même.

Si, au lieu de n'éprouver que de la culpabilité, Jeanne avait connu un repentir constructif, elle se serait épargné d'inutiles souffrances et aurait appris quelque chose de son expérience. Pour cela, Jeanne aurait dû admettre que, bien qu'il soit peu souhaitable d'interrompre son régime, aucune loi de la nature ne l'en empêchait. Elle aurait alors pu se poser la question suivante : « Pourquoi est-ce que je me gave quand je vais mal ? » Elle se serait ainsi rendu compte qu'elle réagissait à ses émotions par des moyens n'apportant qu'un résultat contraire au but recherché, et cela l'aurait motivée à en trouver d'autres. En outre, en se percevant comme une personne non pas nulle, mais faillible, elle se serait donné plus d'espoir de trouver des solutions constructives à ses problèmes affectifs.

Appliquons la même analyse à la « culpabilité existentielle » (voir page 10). Rappelons que celle-ci résulte d'une conception rigide que l'individu a de lui-même : quoi qu'il fasse, il se considère comme mauvais, ou nul, ou méchant par nature, et donc irrécupérable. Cette attitude inflexible et péremptoire envers soi-même incite à adopter des comportements correspondants.

La question que nous venons d'examiner en inspire souvent une autre : « En dissuadant les gens de culpabiliser, ne les encouragez-vous pas à adopter des comportements "psychopathes" ? » Je réponds catégoriquement : « Non ! » Un psychopathe est dénué de conscience. Outre qu'il n'éprouve aucun remords, il refuse de se reconnaître responsable des transgressions ou des nuisances qu'il a commises. Et même s'il admet sa responsabilité, il ne voit aucun mal à sa conduite. À l'inverse, les personnes qui connaissent un repentir constructif assument la responsabilité de leur comportement. Elles admettent qu'elles ont enfreint un principe moral ou qu'elles ont fait du mal à quelqu'un. Je ne crois donc pas inciter quiconque à un comportement psychopathe, car j'encourage chacun à agir dans le respect d'une éthique.

La tendance à la culpabilisation et à l'autocondamnation incite-t-elle à la sévérité envers autrui ?

Oui, et mon expérience me l'indique. Comme nous l'avons vu plus haut, la culpabilité résulte en général d'une interprétation qui nous porte à croire que nous avons mal agi, violé un principe moral ou nui à quelqu'un. Quant à l'autocondamnation, forme de colère envers soi-même, elle se double souvent d'une tendance à la colère envers les autres. Si vous trouvez que telle personne a enfreint une règle morale ou a porté préjudice à une autre, non seulement vous jugerez qu'elle a eu un comportement incorrect mais, en outre, vous manifesterez envers elle la même impitoyable sévérité qu'envers vous-même. Elle n'avait pas le droit d'agir comme elle a agi, elle est donc « mauvaise » et elle mérite d'être punie, pensez-vous.

Il existe une attitude plus saine que cette tendance à stigmatiser les autres. Elle consiste à les accepter, eux aussi, en tant qu'êtres faillibles. De ce fait, on peut, sans les considérer comme foncièrement mauvais, les tenir responsables de leurs actes, voire les aider à les assumer. En ayant envers l'autre une attitude accusatrice, on ne fait que diminuer ses chances de se responsabiliser et de tirer un enseignement de ses erreurs. En outre, on risque soit de faire inutilement peser sur ses épaules le poids de sa faute, soit, au contraire, de l'inciter encore plus à nier sa responsabilité, et à refuser de réparer.

Pour se débarrasser de cette tendance à juger autrui, il convient de remplacer son propre mode de pensée culpabilisant par un autre, axé sur le repentir constructif. Cela revient, comme nous allons le voir, à s'accepter malgré ses erreurs, tout en les assumant entièrement. Plus vous arriverez à vous accepter avec vos bons et vos mauvais côtés, plus vous serez apte à faire de même envers les autres, au lieu de les condamner.

Outre une excessive sévérité envers autrui, la tendance à l'autocondamnation entraîne diverses conséquences néfastes. *Premièrement, elle augmente votre dépendance vis-à-vis d'autorités extérieures,* en vous privant de votre capacité à penser par vous-même. Si vous êtes dans ce cas, vous risquez d'adhérer sans grand esprit critique à des règles qui, transmises de génération en génération, ne sont plus nécessairement en adéquation avec notre société moderne. En raison de votre intransigeance, vous vivez dans un monde en noir et blanc, dépourvu de toute nuance ou subtilité. Cela vous porte à croire que vous êtes soit entièrement responsable des conséquences de votre comportement, soit pas du tout. Une plus grande souplesse d'esprit (liée au mode de pensée selon lequel il est préférable de ne pas commettre d'actes nuisibles, mais qu'après tout, aucune loi physique ne vous en empêche) permet, en appréhendant les choses selon une perspective plus vaste et plus claire, d'estimer avec plus de justesse votre part de responsabilité dans vos actes et dans leurs conséquences.

Deuxièmement, cette surdépendance envers les autres, engendrée par votre culpabilité, *vous pousse à vous sacrifier pour eux*. Il est certes recommandable de les faire passer au premier plan en de nombreuses circonstances. Mais renoncer en permanence à vos aspirations pour les laisser atteindre leurs propres buts n'aboutit qu'à une vie de frustration – à moins de placer là votre bonheur. Ce type de culpabilité découle de l'idée selon laquelle il ne faut en aucun cas être désagréable à autrui, sans quoi on est foncièrement mauvais. La simple idée de causer du désagrément vous faisant horreur, vous vous en gardez systématiquement, et vous aidez sans cesse les autres à assouvir leurs désirs. Vous devenez ainsi dépendant des sentiments favorables qu'ils éprouvent envers vous, ou du moins d'une absence de sentiments négatifs de leur part. Sacrifice et dépendance sont donc bien deux corollaires de la culpabilité.

Troisièmement, la culpabilisation et l'autocondamnation permanentes incitent à *ressasser ses erreurs passées*, au lieu d'y trouver une leçon utile pour le présent et l'avenir. Vous vous contentez de penser que vous n'auriez jamais dû agir ainsi. C'est absurde, car d'un côté, vous avouez un acte, qui s'est effectivement produit dans le passé. Mais de l'autre, vous refusez l'idée que cette réalité ait eu lieu ! Il vous serait beaucoup plus utile d'admettre que toutes les conditions étaient alors réunies pour que vous commettiez l'acte en question.

Maintenant que vous avez fait ce raisonnement, posez-vous les questions suivantes :

- Est-ce que je comprends pourquoi j'ai agi ainsi ?
- Est-ce que je comprends la tournure d'esprit qui était alors la mienne ?
- Suis-je à même de changer de tournure d'esprit, afin d'agir de manière plus responsable à l'avenir ?
- De cette expérience, que puis-je apprendre pour éviter de reproduire le même comportement ?

Il serait très difficile d'entreprendre une saine démarche comme celle-ci, si vous persistiez à vous fustiger pour avoir fait quelque chose que vous vous interdisiez absolument.

Quatrièmement, la culpabilité accompagnée d'autocondamnation ne peut qu'*accentuer votre anxiété* à l'idée de reproduire vos « méfaits ». Cette appréhension risque de nuire à votre aptitude à raisonner et donc, paradoxalement, d'accroître vos chances de commettre de nouveau vos erreurs. Inapte à traiter l'information de manière constructive, vous n'arrivez pas à établir le lien entre vos comportements passés et potentiels, et donc à prévenir leur répétition. Pour illustrer cela, je donne souvent à mes patients l'exemple du canard sans tête, qui court dans tous les sens sans savoir où il va.

Certes, l'autocondamnation peut, ponctuellement, nous aider à agir par la suite de façon plus constructive. Mais ses répercussions négatives sont, de loin, les plus fréquentes.

Pourquoi certaines personnes ont-elles du mal à s'avouer leurs erreurs, et à les avouer aux autres ?

La réponse est qu'en niant leurs erreurs, elles se protègent de la culpabilité. Admettre qu'elles ont commis une faute, et le reconnaître auprès des autres, équivaudrait pour elles à une sévère condamnation. Pour y échapper, elles nient leur responsabilité, par différents moyens.

L'une des tactiques les plus couramment utilisées pour cela consiste à accuser quelqu'un d'autre. Cela commence dès la Bible, quand Adam reproche à Ève de lui avoir donné la pomme et que celle-ci rejette à son tour la faute sur le serpent. Les jeunes enfants eux-mêmes usent spontanément de cette méthode quand ils font des bêtises. Tous les parents connaissent cette réaction, exaspérante lorsqu'elle est systématique.

Il existe deux autres tactiques fréquentes, pour s'épargner le poids d'une faute : soit on nie que l'acte en question soit fautif, soit on se trouve des excuses, en prétextant, par exemple, la fatigue ou tout autre phénomène indépendant de notre volonté.

Nous disposons de tout un arsenal de mécanismes de défense contre la culpabilité. En général, nous en sommes inconscients. Par conséquent, faites un effort d'analyse afin de déterminer, en toute sincérité, si vous y avez recours. L'un de ces mécanismes est la projection de vos propres émotions ou sentiments sur quelqu'un d'autre.

Alain face au désir

Alain, homme d'âge mûr et marié, éprouvait du désir pour une de ses collègues. Plutôt puritain, il refusait de se l'avouer, car il se le serait amèrement reproché. Mais il projetait son comportement sur son épouse, c'est-à-dire qu'il l'accusait de convoiter d'autres hommes.

Un autre mécanisme de défense, moins couramment employé, est la « formation réactionnelle », qui amène l'individu à manifester des sentiments contraires à ceux qu'il éprouve réellement.

Une mère surprotectrice

Sylvie était exaspérée par son fils mais n'osait se l'avouer car, comme dans l'exemple précédent, cela se serait traduit par une sévère autocondamnation. Pour compenser, elle le couvait à l'excès, se convainquant ainsi qu'elle était incapable de nourrir des sentiments négatifs à son égard. Cette surprotection constituait donc une réaction contre ses envies destructrices.

Les comportements obsessionnels compulsifs relèvent eux aussi d'un mécanisme de défense contre la culpabilité, que nous avons précédemment étudié (voir pages 30-33). Si vous avez la manie de vérifier sans cesse que vous avez bien éteint le gaz ou la lumière, par exemple, c'est pour garantir l'absolue sécurité de votre environnement. Au moindre incident, vous vous sentiriez coupable. Votre compulsion vous permet d'échapper à cette culpabilité. Pour la même raison, peut-être êtes-vous un bourreau de travail. Cette forme d'addiction vous évite de vous accuser de paresse, ce qui serait source de culpabilité.

Parmi les autres mécanismes de défense figurent l'intellectualisation, le retrait et la sublimation. La personne qui intellectualise échappe à son sentiment de culpabilité en se coupant d'une grande part de ses émotions. Celle qui adopte la tactique du retrait s'abstient de prendre le moindre risque, pour s'assurer de ne rien faire de mal. Enfin, comme l'observait Sigmund Freud, les gens ont tendance à sublimer leurs pulsions agressives en leur conférant l'apparence de comportements honorables. Se mettre au rugby ou à la boxe permet d'éviter d'exprimer son agressivité d'une façon peu avouable, qui engendrerait un sentiment de faute.

En résumé, les êtres humains manifestent une impressionnante créativité quand il s'agit de se construire des remparts contre le sentiment de faute. Surtout lorsqu'ils partent des postulats suivants, examinés plus haut dans ce livre, et fortement générateurs de culpabilité :

- « Je n'ai absolument pas le droit de mal faire. »
- « Je dois systématiquement respecter mes principes. »
- « Je ne dois jamais faire de mal à personne. »
- « Si je ne suis pas en permanence à la hauteur de mes exigences envers moi-même, je ne suis pas quelqu'un de bien. »

Efforcez-vous d'acquérir un mode de pensée plus sain, favorable à un repentir constructif. Cela vous procurera les avantages suivants :

- Vous pourrez vous passer de mécanismes de défense.
- Vous serez mieux à même d'endosser et de reconnaître votre responsabilité dans vos erreurs.
- Vous en tirerez un enseignement et corrigerez votre comportement en conséquence.

Nous venons d'analyser la difficulté à s'avouer ses erreurs. Examinons maintenant celle qu'il y a à les reconnaître auprès des autres. Outre le motif expliqué ci-dessus (cela oblige à se faire des reproches à soi-même), cette réaction s'explique par toutes sortes d'autres raisons. La première est la crainte de se voir jugé négativement. Elle est légitime, dans le sens où certaines personnes ne manqueraient pas de le faire si elles apprenaient votre responsabilité. Il n'empêche que d'autres adopteraient une attitude plus compréhensive et indulgente. La peur d'être mal jugé résulte, dans une large mesure, de votre conviction que vos torts font de vous un être « mauvais », qui mérite d'être châtié en conséquence.

Cette crainte de la sanction sous-tend également l'autre raison principale de votre réticence à reconnaître ouvertement vos écarts de conduite. Ce que vous appréhendez alors, c'est que les autres vous fassent payer vos erreurs, soit en appliquant la loi du talion (« œil pour œil, dent pour dent »), soit en vous empêchant de réaliser certains de vos objectifs.

La colère de Gilles

Sous le coup de la colère, Gilles, cadre supérieur, a détruit divers documents appartenant à sa société. Il faut dire que, venant de perdre sa mère, il est déprimé et à bout de nerfs. Toutefois, peu enclin à la complaisance envers lui-même, il se reproche amèrement son geste. Ni son deuil ni sa colère ne lui semblent des motifs valables pour avoir agi ainsi. Craignant que sa hiérarchie le rétrograde ou le licencie, il s'abstient cependant d'avouer qu'il a détruit ces pièces. Mais une enquête interne révèle sa responsabilité. À la grande surprise de Gilles, ses supérieurs réagissent avec compréhension et indulgence, et ils l'assurent que son erreur de parcours n'aura pas de conséquence sur son avancement. L'un de ses directeurs va jusqu'à lui déclarer : « Je sais ce que vous ressentez en ce moment, car j'ai moi-même perdu mon père il y a deux ans et j'ai traversé une phase de colère, comme vous. » Refusant de s'apitoyer sur lui-même, Gilles n'envisageait pas que d'autres puissent réagir à son acte avec compassion et empathie.

Comme Gilles, votre mode de pensée culpabilisant vous incite à garder le silence sur vos écarts ? Commencez par vous accepter, malgré et avec vos fautes. Puis posez-vous cette question : « Est-il sage de ma part de les dévoiler à telles personnes, compte tenu de ce que je sais d'elles ? » Observons que, pour peu qu'elles prennent connaissance de vos erreurs, *certaines* personnes ne manqueront certes pas de jeter l'opprobre sur vous et chercheront bel et bien à vous les faire payer. Par conséquent, prenez garde de ne pas les avouer à la légère. Après vous être accepté tel que vous êtes, réfléchissez aux répercussions *éventuelles* d'une confession publique.

Bien des gens ne disent pas ce qu'ils pensent, de crainte de faire de la peine. Que leur conseilleriez-vous ?

Le sentiment de culpabilité à l'idée de blesser autrui est, hélas, très courant. C'est l'une des principales raisons qui nous empêchent d'exprimer avec franchise nos émotions ou nos opinions, et qui nous poussent à subordonner nos désirs à ceux des autres.

En réalité, l'offense ne provient pas directement de nos propos, même extrêmement critiques ou brutaux. Notre attitude ne fait qu'interpeller, chez l'intéressé, des croyances qui l'amènent à réagir par de fortes émotions à nos paroles. Malheureusement, ce que j'avance là est souvent mal pris, comme si je prétendais qu'on est en droit de tout dire. On me reproche de relever les gens de leur responsabilité sur le choix des termes qu'ils emploient à l'égard des autres. Il n'en est rien : fermement partisan d'une communication respectueuse, j'invite chacun à endosser l'entière responsabilité de ses opinions, et de la manière dont il les formule.

Vous savez maintenant qu'il est impossible de blesser directement quelqu'un d'autre. Partons toutefois de l'hypothèse inverse. Devez-vous vous sentir coupable d'avoir vexé ou offensé cette personne ? Dans la lignée de ce que vous avez lu jusqu'ici, ma réponse est un « non » clair et net. Pourquoi ? Supposons que vous ayez eu une attitude critique ou sévère. Je vous recommande vivement d'en assumer la responsabilité. En outre, puisque nous partons de l'hypothèse que vous pouvez offenser autrui, je vous encourage aussi à l'assumer. Cependant, votre sentiment éventuel de culpabilité ne peut survenir que si vous vous interdisez absolument cette attitude, et que vous vous considériez comme « mauvais » pour l'avoir eue, d'une part, et pour avoir fait du mal à autrui, d'autre part. Pour éviter de culpabiliser, vous devez admettre que même si vous avez eu tort, rien ne vous interdisait d'avoir cette attitude, et qu'elle est susceptible de survenir chez un être faillible. Vous vous orienterez ainsi vers un remords plus sain parce que constructif, qui vous permettra de réfléchir à vos paroles ou à vos actes, aux motivations qui vous ont amené à les prononcer ou à les faire, et à la leçon que vous pouvez en tirer. De plus, quand vous aurez reconnu votre indélicatesse, il vous sera plus facile de faire amende honorable auprès de la personne offensée et, si possible, de tenter de vous réconcilier avec elle.

Supposons maintenant que vous n'ayez pas encore décidé d'émettre ouvertement vos critiques, ou d'agir de telle sorte que vous risquiez de vexer ou de faire souffrir l'autre. Que faire ? Tout d'abord, réfléchissez bien à la façon de vous y prendre, avec autant de respect et de tact que possible, mais en toute franchise. Ensuite, imaginez que cette personne se vexe ou s'attriste quand même. Dites-vous qu'il serait constructif d'en éprouver des regrets. Songez à votre tendance à la culpabilisation, en vous souvenant que vous êtes un être faillible, capable de prononcer des paroles blessantes. Comprenez maintenant que vous disposez d'un choix : exprimer ou non votre opinion. Le premier cas est peut-être la meilleure solution à long terme, même si vous offensez l'autre dans l'immédiat. C'est une triste réalité qu'en poursuivant ses propres intérêts – et ce, sans qu'il y ait là d'égoïsme de votre part –, il arrive qu'on fasse mal à autrui. J'insiste sur l'absence d'égoïsme dans cette attitude car, trop souvent, on considère égoïste de placer son propre intérêt avant celui des autres. Au sens strict, l'égoïsme consiste à ne tenir compte que de soi-même, sans accorder la moindre importance aux autres. Il est à distinguer d'une conception éclairée de vos propres intérêts, qui vous incite à les ménager, tout en éprouvant tristesse et regrets si cela vous amène à faire du mal aux autres.

Brigitte, mariée pour faire plaisir à son père

Brigitte m'a gentiment autorisé à raconter son histoire, à quelques détails près, pour préserver son anonymat. Très jeune, elle s'était fiancée, alors même qu'elle doutait depuis toujours de la solidité de ses liens avec son petit ami. Son père, qu'elle adorait, s'entendait à merveille avec le jeune homme. Il était ravi à l'idée qu'ils se marient. Jusqu'à la semaine précédant la noce, Brigitte garda le secret sur ses appréhensions. Elle tenta alors de les expliquer à son père mais, devant sa réaction, fit marche arrière, craignant trop de le peiner. Résultat : dès le début, son couple fut malheureux. Toujours par peur de l'impact qu'un divorce aurait eu sur son père, Brigitte resta toutefois avec son mari pendant des années – bien trop longtemps pour que cela ne cause pas chez elle de graves dégâts. Dans son esprit, son père ne se serait pas remis du choc.

Après son décès, la rupture commença à lui paraître moins difficilement envisageable. Mais alors, ce furent ses conséquences dévastatrices sur son mari qui la firent renoncer à cette idée. Elle tenta vainement de « recoller les morceaux ». Et, pour surmonter sa propre détresse, elle se mit à boire. Enfin, elle trouva le courage de mettre fin à son union.

Comme c'était à prévoir, son mari en fut profondément meurtri, ce dont Brigitte ne manqua pas de se sentir coupable. Son alcoolisme s'aggrava alors au point qu'elle se décida à consulter.

Par chance, cette histoire se termine bien. Grâce à la thérapie comportementale émotivo-rationnelle, méthode qui est au cœur de ce livre, Brigitte réussit à se libérer de sa culpabilité. Elle y parvint en admettant que si elle éprouvait du remords d'avoir fait souffrir d'autres personnes, ce n'était que parce que la vie en va ainsi, hélas. Elle reconnut également que si elle ne se plaçait pas elle-même au premier rang de ses priorités, personne d'autre ne le ferait à sa place. Elle déplore aujourd'hui toutes ces années gâchées, et regrette de ne l'avoir pas su plus tôt, au lieu de culpabiliser inutilement vis-à-vis de son père, puis de son mari. J'espère que l'exemple de Brigitte vous aidera à comprendre le danger de garder pour soi ses doutes sur la profondeur de liens affectifs, dans le but de préserver les intéressés.

En bref, vous devez admettre que faire du mal aux autres est inévitable, leurs aspirations différant souvent des vôtres. Adoptez une vision éclairée de votre intérêt (à distinguer de l'égoïsme !), en plaçant ce qui vous importe avant ce qui importe aux autres – ce qui n'empêche pas d'être conscient et respectueux de ce qui compte à leurs yeux. Dites-vous que si vous leur laissez la priorité, ils se font eux aussi passer avant vous. Résultat : finalement, personne ne vous accorde jamais la première place ! Sachez enfin que lorsque votre attitude blesse quelqu'un, malgré toutes les précautions que vous ayez pu prendre, cette personne est la principale cause de sa propre souffrance. Quand bien même vos paroles dépasseraient vos pensées, acceptez-vous en tant qu'être capable de commettre ce genre de dérapages, et tirez bénéfice de cette expérience. Comme le montre l'histoire de Brigitte, il vaut mieux exprimer ce qu'on ressent, au risque de faire du mal, plutôt que de se condamner à une existence malheureuse, pour avoir voulu épargner une peine passagère à des êtres chers.

N'est-il pas normal, quand nous agissons mal et impliquons une autre personne dans nos actes, de nous sentir responsables de sa conduite ?

Une fois de plus, je répondrai par un « Non ! » catégorique. Un de mes confrères relate le cas d'une femme qui, après avoir découvert la liaison de son mari, s'était tuée ainsi que son enfant en précipitant sa voiture d'une falaise. « À qui incombe la responsabilité de ce double décès ? » s'interroge l'auteur. Il observe, à juste titre, que le mari est certes responsable d'avoir trompé son épouse, sachant pertinemment que si elle l'apprenait, elle en souffrirait. On pourrait aussi reprocher à la maîtresse d'avoir entretenu une liaison avec un homme marié. Mais, se demande mon confrère, l'essentiel de la responsabilité ne repose-t-il pas sur la femme, qui entraîne son enfant dans la mort ? Elle aurait pu réagir de nombreuses autres manières, moins radicales, ajoute-t-il. L'une d'elles consistait à rester avec son mari, soit en acceptant qu'il en fréquente une autre, soit en exigeant qu'il rompe avec sa maîtresse. Elle aurait également pu demander le divorce, quitte à se venger en réclamant la plus lourde pension alimentaire possible. Et, comme l'indique mon confrère, elle avait aussi la solution de tuer son mari ou sa maîtresse, ou encore de se supprimer, mais en épargnant son enfant.

Précisons que mon objet n'est pas de condamner qui que ce soit dans cette tragédie, mais de souligner qu'à chaque protagoniste incombe une responsabilité particulière. Le mari devrait reconnaître le rôle que sa liaison joue dans la décision de sa femme, sans se sentir pour autant coupable de cette décision. En effet, celle-ci relève de la seule responsabilité de l'épouse. On peut certes affirmer qu'elle était sous le choc de la découverte de cette infidélité. Cependant, comment reprocher au mari le suicide de sa femme ? Ce n'est pas lui qui conduisait la voiture.

Et, me direz-vous, dans le cas où le mari serait directement responsable de la mort de sa femme et de son enfant ? N'aurait-il pas de quoi se sentir coupable ? Bien entendu, il devrait ressentir un remords, mais sans pour autant se condamner sans cesse et sans rémission possible pour cette fin tragique. En effet, une telle réaction est contre-productive, car elle empêche l'individu de tirer une leçon de ses propres actes et donc de faire en sorte d'éviter de les reproduire.

Examinons l'exemple d'un crime qui défraya la chronique dans les années vingt aux États-Unis. Deux jeunes gens avouèrent l'assassinat, par jeu, d'un adolescent. Quand l'un des deux meurtriers, Nathan Leopold, sortit de prison des années plus tard, c'était un autre homme. Devenu travailleur social, il passa le reste de son existence à aider les autres. Cela aurait-il été possible s'il avait éprouvé non pas un repentir constructif, mais un simple sentiment de culpabilité, l'amenant à se juger irrémédiablement nuisible ? Je ne crois pas, car il se serait cru incapable, par nature, de toute évolution. Je souligne, une fois de plus, que je n'exonère en rien de telles personnes de leurs responsabilités. Je trouve juste souhaitable qu'elles reconnaissent leurs crimes et s'acceptent, avec et malgré leur comportement. Ce n'est qu'ainsi qu'elles peuvent changer, payer leur dette envers la société et vivre ensuite une existence aussi satisfaisante que possible.

Pour résumer, assumez la responsabilité de vos actes, prenez conscience de l'influence éventuelle qu'ils ont eue sur la conduite d'autres personnes, mais n'assumez pas leurs responsabilités à leur place. Même si vous en êtes la cause directe, éprouvez-en un repentir constructif, et non une culpabilité néfaste. Autrement dit, acceptez votre responsabilité, acceptez-vous vous-même avec vos erreurs, payez-en le prix et apprenez de vos expériences. C'est ainsi que vous irez de l'avant.

Les autres font que je me sens coupable. Comment l'éviter ?

Votre culpabilité ne résulte pas de l'action des autres, il importe que vous le compreniez. Comme le montre tout ce qui précède, elle découle du raisonnement suivant : « Je dois faire ce qui est bien (ou ne pas faire ce qui est mal), et si je manque à cette obligation, je suis mauvais. » Elle survient également dès lors que vous considérez qu'il vous est absolument interdit de faire souffrir les autres, et que vous êtes foncièrement méchant si cela vous arrive. Dans un cas comme dans l'autre, je qualifie cette culpabilité de « ponctuelle », car elle se manifeste à la suite d'un événement particulier. Par ailleurs, il existe une culpabilité dite « existentielle », née de la conviction tenace, chez l'individu, qu'il est intrinsèquement mauvais et qu'il n'y changera jamais rien, quoi qu'il fasse. Par conséquent, quand vous considérez que d'autres personnes vous font vous sentir coupable, cela implique qu'elles exercent un pouvoir direct sur vos sentiments. Mais ce n'est pas le cas, puisque vos sentiments dépendent dans une large mesure de votre propre philosophie sur vous-même, sur les autres et sur le monde en général. Gardez dorénavant cela à l'esprit, lorsque quelqu'un tentera de vous culpabiliser.

Examinons la question sous un angle différent, à l'aide d'un exemple. Supposons que votre mère vous dise : « Si tu ne fais pas ça pour moi, c'est que tu ne m'aimes pas et que tu es méchant(e). » Considérons cela comme une invitation de sa part : elle vous invite à vous définir comme quelqu'un de méchant, dans l'hypothèse où vous n'accéderiez pas à sa demande. Comme toute invitation, celle-ci peut s'accepter ou se décliner. Vous avez donc le choix de répondre : « D'accord, si je ne fais pas ça pour toi, c'est que je suis méchant(e) » ou : « Non, je ne suis pas méchant(e), quand bien même je ne ferais pas ça pour toi. » Votre culpabilité résulte donc non pas des paroles de votre mère, mais de l'acceptation, de votre part, de son invitation, que vous reprenez à votre compte : « Si je n'aide pas ma mère, je suis méchant(e). »

Les gens qui vous manipulent en vous amenant à culpabiliser, jouent sur votre tendance exagérée à vous charger de la responsabilité de leur bonheur. Ils savent que leur bien-être vous importe et que, s'ils sont malheureux, vous ne manquerez pas de vous en faire le reproche. Nous l'avons vu, il faut être responsable de son comportement. Vous décidez de ne pas céder à quelqu'un qui a entrepris de vous culpabiliser ? Assumez la manière dont vous lui opposerez votre refus. Si vous répondez à son attente par une rebuffade, admettez que votre hostilité le frustre, mais reconnaissez qu'en aucun cas elle n'est la cause de son mal-être. Et acceptez-vous, vous et votre hostilité. Vous saurez ainsi, dorénavant, ce qui fait naître en vous un tel sentiment. La prochaine fois, dans une situation comparable, vous serez à même de réagir plus favorablement. Si, en revanche, vous exprimez votre refus en toute gentillesse et que l'autre le prend mal, laissez-lui assumer la responsabilité de son insatisfaction.

Rendez-vous compte que les gens qui essaient de vous faire vous sentir coupable adoptent cette tactique dans le but d'exercer une emprise sur votre comportement. En gros, ils veulent que vous fassiez quelque chose qui leur procurerait un plaisir, ou que vous ne fassiez pas quelque chose qui leur serait désagréable. Dans leur esprit, cela revient à considérer : a) que vous êtes quelqu'un de méchant, puisque vous n'accédez pas à leurs desiderata, et b) que vous portez la faute de leur désagrément. Ils l'expriment soit de manière directe, comme quand votre père vous déclare : « Ta mère déprime, tellement tu lui causes de soucis. » Dans ce cas, le message est clair : si les nerfs maternels craquent, c'est de votre faute. Mais la culpabilisation peut prendre une forme plus subtile, comme lorsque votre mère vous dit tendrement : « Ne t'en fais pas pour moi, ça va aller. » Ici, le message caché est le suivant : « Je ne vais pas bien du tout, et c'est de ta faute. » Par conséquent, sachez :

- décrypter les intentions manipulatrices que dissimulent ces messages ;
- accepter, chez l'autre, cette volonté d'influer sur votre comportement ;
- comprendre que vous n'êtes pas dans l'obligation d'obtempérer ;
- vous rappeler que vous n'avez pas à assumer la responsabilité du bonheur de l'autre.

La manipulation par le biais de la culpabilisation s'exprime couramment comme ceci : « Si tu m'aimais, tu ne ferais pas ça. » Mettez-vous bien dans la tête qu'il vous est tout à fait possible de continuer à agir d'une manière qui déplaît à cette personne, tout en conservant pour elle autant d'amour. L'un n'empêche pas l'autre.

Comme l'écrit un célèbre médecin, Vernon Coleman, la publicité joue souvent sur ce type de chantage affectif. Il cite l'exemple d'un spot célèbre aux États-Unis, qui commençait ainsi : « Y a-t-il quelqu'un que vous aimiez assez pour… » En gros, si vous n'achetez pas le produit, c'est que vous n'aimez pas la personne concernée et que vous êtes vraiment au-dessous de tout. À mon avis, vous pouvez très bien l'aimer tout en vous abstenant d'acheter le produit !

La manipulation culpabilisante survient le plus souvent au sein de familles ou de groupes sociaux extrêmement soudés. Votre sentiment de culpabilité est nourri non seulement par l'idée implicite que vous n'aimez pas la famille ou le groupe, pour peu que vous ayez tel ou tel comportement, mais aussi par l'accusation de porter atteinte à son honneur. Une fois de plus, n'endossez la responsabilité que de ce dont vous êtes responsable. Et quand bien même l'opprobre serait jeté sur tout votre clan à cause de vous, il n'y aurait là matière qu'à repentir constructif, et non à une autoflagellation stérile. Dans la plupart des cas, sachez cependant que vos actes ne risquent guère de causer directement la honte de votre famille, puisque ce sentiment découle d'une attitude dont l'acteur lui-même est responsable. Par conséquent, ne vous laissez pas manipuler par ceux qui insinuent que vous ne les aimez pas, ou que vous leur faites honte, même si cela peut entrer en ligne de compte lorsque vous décidez d'agir dans tel ou tel sens.

Pour vous démontrer qu'il est possible d'échapper aux manœuvres culpabilisantes de sa famille, j'évoquerai mon cas personnel. Quand j'eus atteint une vingtaine d'années, je décidai de changer de nom. Moi qui portais celui de David Denbin, je voulais désormais m'appeler Windy Dryden. Windy était mon surnom de saxophoniste, que m'avaient donné les autres membres de mon groupe. Quant à mon nom de famille, j'avais un mal fou à le prononcer car je bégayais fortement. C'est pourquoi je choisis d'adopter Dryden, qui me convenait davantage. Lorsque j'annonçai la nouvelle à mes parents, ils en furent tout retournés, ce qui se comprend. Pour m'en dissuader, ils m'accusèrent d'abord de ne penser qu'à moi, puis de ne pas les aimer et, enfin, de sonner le glas de notre patronyme.

Comme l'indique la couverture de ce livre, je ne suis pas revenu sur ma décision pour autant. Comment ai-je réussi à résister à de telles pressions ? En refusant l'accusation d'égoïsme que me portaient mes parents, je ne faisais qu'appliquer une conception éclairée de mes intérêts, qui consiste à placer ceux-ci en premier, tout en me préoccupant de la peine que cela provoque chez les autres. Mais je n'ai pas laissé cette souffrance dicter mon choix. J'ai rejeté le point de vue de mes parents, qui considéraient que je ne les aimais pas, car je savais que c'était faux et que mon changement de nom n'influerait en rien sur mon affection pour eux. Le fait que ma décision amène notre patronyme à extinction me chagrinait, certes. Mais les autres facteurs pesaient davantage dans la balance : ce nom ne me plaisait pas et pour moi qui bégayais, il était impossible à prononcer. Plus de vingt ans ont passé. Mes parents m'appellent toujours David, et non Windy. Nous nous aimons toujours autant et, bien qu'ils regrettent encore ma décision, cela n'a pas affecté notre relation, en fin de compte.

Pour finir, j'ajouterai une remarque à l'intention de ceux qui pensent que ce sont les autres qui les font se sentir coupables. Croire cela revient à ne pas prendre leurs responsabilités sur ce qui dépend d'eux – leurs sentiments – tout en assumant la responsabilité de ce sur quoi ils n'ont pas d'emprise : les sentiments des autres !

Quand je ne paie pas une faveur en retour, je m'en veux. Pourquoi ?

La raison pour laquelle vous vous en voulez de ne pas payer une faveur en retour est que vous considérez cela comme une obligation. Dans votre esprit, vous seriez ingrat et égoïste de ne pas vous y plier. Certaines personnes exploitent ce sentiment d'obligation pour manipuler les autres : lorsqu'elles vous rendent service, c'est dans l'attente de la réciproque. À cette tactique, les commerciaux sont imbattables. Je connais un visiteur médical qui, quand il prend rendez-vous avec un médecin, se renseigne auprès de son secrétariat sur ses passe-temps favoris. Pour peu que le médecin en question adore le golf, notre homme ne manquera pas d'arriver la semaine suivante avec le dernier modèle de club. Ce n'est qu'après le lui avoir offert qu'il lui suggérera de prescrire les médicaments produits par son laboratoire. Neuf fois sur dix, le médecin s'y engage, parce qu'il se sentirait coupable de refuser. Quelle attitude ce praticien devrait-il adopter pour éviter cette culpabilité ? Tout d'abord, il faudrait qu'il se rende compte qu'il n'y a pas nécessairement de lien de cause à effet entre un acte (l'acceptation du cadeau) et l'autre (la prescription des médicaments). Il doit, au contraire, tenir le raisonnement suivant : « Je choisis les produits les plus adéquats pour mes patients. Je n'ai pas à me laisser lier par une obligation inexistante ; si je le faisais, ce serait moi qui la créerais. Je regrette de ne pas accepter ce “donnant-donnant”, mais mon refus ne fait de moi ni un ingrat ni un égoïste. »

Dans les magasins, les vendeurs ne procèdent pas autrement, quand ils vous conseillent sur le choix d'un article. En effet, ils espèrent que vous l'achèterez pour ne pas vous sentir coupable de leur avoir fait perdre leur temps. Pourtant, comme je le rappelle régulièrement à mes patients, consacrer du temps aux clients, c'est leur travail. Et quand bien même vous auriez l'outrecuidance de le leur faire perdre, êtes-vous un criminel pour autant ? Non, puisque vous avez le droit, en tant qu'être humain, de commettre des erreurs. Et vous avez aussi celui de vous abstenir d'acheter un produit, quand bien même vous auriez mobilisé le vendeur pendant un temps fou. Bien entendu, mon propos n'est pas de vous inciter à gaspiller délibérément le temps d'autrui. Je souhaite juste vous faire comprendre que vous n'avez pas à acheter quelque chose qui ne vous plaît que moyennement, sous prétexte que quelqu'un vous a accordé une attention consciencieuse.

4

Culpabilité et problèmes connexes

Nous examinerons dans ce chapitre les rapports entre la culpabilité et d'autres sources de mal-être, comme la colère et l'intolérance aux frustrations. Nous établirons une importante distinction entre égoïsme et intérêt éclairé. Nous verrons que certaines personnes feignent parfois la culpabilité, dans le but de se protéger. Enfin, nous préciserons la différence entre honte et culpabilité, souvent confondues.

La culpabilité est-elle liée à d'autres problèmes affectifs ou comportementaux ?

Deux problèmes psychologiques sont particulièrement susceptibles de causer un sentiment de culpabilité. Le premier d'entre eux est la **colère**, qu'on la garde en soi ou, dans le cas le plus fréquent, qu'on l'extériorise, avec les conséquences qui s'ensuivent. L'exemple de Robert est représentatif de cette culpabilité due à la colère.

La promotion manquée de Robert

Travailleur et consciencieux, Robert venait de se voir refuser la promotion qu'il attendait. Il y vit une injustice, et se dit que, de façon générale, son employeur ne récompensait pas ses mérites à leur juste mesure. Vociférant de rage, il se précipita alors dans le bureau de son chef de service. Un peu plus tard, sa crise de colère passée, il s'en voulut amèrement.

Répétons-le, la culpabilité empêche de comprendre ses erreurs et d'en tirer une leçon. Robert, au lieu de réfléchir à sa colère et d'en identifier la cause (sa conception personnelle des choses), en était à ce point rongé de remords qu'il alla jusqu'à implorer le pardon de son supérieur. S'il s'était accepté comme un être faillible, au lieu de se croire irrémédiablement mauvais, il lui aurait présenté des excuses, comme l'aurait fait tout individu adulte. Il aurait pu comprendre que sa colère s'ancrait dans sa propre philosophie et revenir sur ses conceptions, en admettant que son chef n'était pas dans l'obligation absolue d'accéder à ses attentes.

Le cas de Sarah illustre lui aussi le lien entre la culpabilité et la colère ou d'autres problèmes.

Une mère débordée

Sarah n'arrivait pas à répondre à toutes les attentes de ses enfants. Elle en était consciente et s'en sentait coupable. Mais elle se rendait également compte que sa progéniture lui demandait plus de temps et d'attention qu'il aurait été légitime. À la longue, ses enfants lui inspiraient de l'amertume, ce qui aggravait sa culpabilité. Elle était prise dans ce que j'appelle le piège culpabilité-rancœur-culpabilité. Prisonnière de ce cercle vicieux, elle ne parvenait pas à dépasser son exigence envers elle-même et envers eux. Pour s'en sortir, il fallait qu'elle cesse de croire qu'elle devait satisfaire à toutes leurs attentes et que la rancune lui était interdite. Elle devait remplacer cette attitude par une autre, consistant simplement, d'une part, à déplorer de les voir aussi exigeants et de ne pouvoir répondre à leurs attentes et, d'autre part, à éprouver un repentir constructif pour son ressentiment envers eux. En nourrissant ces émotions, plus saines, quoique négatives, elle pourrait enfin se fixer, ainsi qu'à ses enfants, des limites lui permettant de réagir de manière plus adéquate à leur comportement. Effectivement, quand elle parvint à changer son mode de pensée, source de ressentiment et de culpabilité, elle se rendit compte que s'ils lui en demandaient autant, c'était justement parce qu'elle s'éloignait d'eux. C'était sa façon à elle de réagir à son incapacité à leur apporter ce qu'ils attendaient. Grâce à sa nouvelle démarche, elle arriva à s'occuper davantage de ses enfants qui, à leur tour, ne l'accaparèrent plus autant.

La culpabilité naît aussi d'une **intolérance aux frustrations**. L'abandon d'un régime amaigrissant en est un exemple typique.

Marie abandonne son régime amaigrissant

Depuis un mois, Marie tenait bon. Mais, s'étant emportée contre la nounou de ses enfants, elle en éprouva une telle honte qu'elle recommença à s'alimenter à tort et à travers, ne trouvant pas de solution plus adéquate au problème. Sa gourmandise ne fit que lui inspirer encore plus de culpabilité, la poussant à toujours plus d'excès. Lors de nos consultations, j'encourageais Marie à accepter qu'elle ait pu laisser éclater sa colère. Je lui fis comprendre que c'était sa difficulté à surmonter sa honte qui l'incitait à suspendre son régime. C'est en renonçant à son exigence envers elle-même, qui se traduisait par l'interdiction de tout laisser-aller, qu'elle réussit justement à suivre de nouveau les conseils de sa nutritionniste.

L'exemple de Marie est clair : le refus de toute frustration, par principe, nous amène à perdre la maîtrise de nos actes. La culpabilité que nous en éprouvons ne fait qu'accentuer ce sentiment de perte de pouvoir et nous conduit à agir en conséquence.

Dans tous ces exemples, la culpabilité a pour effet non pas d'apporter une amélioration, mais d'exacerber les problèmes. À l'inverse, ceux qui remplacent leur attitude culpabilisante par un repentir constructif parviennent à comprendre la cause première de leur comportement. En renonçant à leurs exigences envers eux-mêmes, source de leurs difficultés, ils augmentent leurs chances de résoudre celles-ci.

La culpabilité ne nous préserve-t-elle pas de l'égoïsme ?

Pour répondre à cette importante question, je commencerai par distinguer trois attitudes. La première, et la plus saine, est celle de l'**intérêt personnel éclairé**, qui consiste à s'accorder autant d'importance qu'à ses proches. En effet, si vous ne veillez pas à votre propre bien, il est peu probable que quiconque s'en charge à votre place, sauf pour de troubles motivations. Ce n'est pas de l'égoïsme, j'insiste sur ce point. Cela signifie juste que vous êtes conscient de ce qui compte pour vous, et que vous vous efforcez de le préserver. Cette attitude ne vous empêche pas de savoir que vos proches ont leurs intérêts propres et de les aider à les poursuivre, dès lors que cela ne nuit pas à vos aspirations légitimes. L'intérêt personnel éclairé est signe de souplesse d'esprit car, selon les circonstances, il vous arrive de placer les aspirations des êtres aimés avant les vôtres, quand elles leur tiennent particulièrement à cœur et que les vôtres vous paraissent secondaires. Mais la plupart du temps, il vous évite de mettre leurs souhaits au-dessus des vôtres.

Quant à l'**égoïsme**, il consiste à poursuivre son propre avantage de manière systématique, sans se soucier des aspirations ou des sentiments des autres. Ceux qu'il caractérise n'aident personne, pour peu que cela les empêche d'atteindre leurs propres visées, même dérisoires. L'intérêt personnel éclairé est donc une attitude bien différente de l'égoïsme, et il est regrettable qu'on assimile souvent les deux.

J'évoquerai maintenant une troisième attitude : l'**excès d'altruisme**. Quelqu'un de trop altruiste ne manifeste aucun intérêt personnel et se soucie avant tout d'aider son prochain. Certains fondent leur vie tout entière sur ce principe, parce que cela donne un sens à leur existence. Ils ne trouvent leur bonheur que dans leur générosité. Toutefois, cela ne fait pas forcément d'eux des saints : souvent, ils aimeraient se placer avant les autres ; s'ils n'en font rien, c'est par crainte d'être taxés d'égoïsme. En sacrifiant leurs intérêts à ceux d'autrui, ils visent, en fait, à prouver leur respect de leurs principes. Le désintéressement exagéré relève, dans une large mesure, d'une tentative d'éviter une culpabilité : celle qu'on ressent à se donner la priorité, car on prend cela, à tort, pour de l'égoïsme. Cette conviction empêche l'individu de se donner la première place, comme l'y conduirait une saine attitude d'intérêt personnel éclairé.

Rappelons que le principe d'intérêt personnel éclairé consiste à considérer acceptable de se placer généralement en première position. Il importe d'en être conscient car c'est un facteur d'équilibre mental. Les personnes qui pratiquent l'intérêt personnel éclairé se soucient des autres, et n'hésitent pas à faire leur maximum pour les aider. Elles choisissent alors de placer le bien d'autrui avant le leur, à condition que leurs intérêts respectifs ne soient pas en contradiction flagrante.

L'intérêt personnel éclairé amène à éprouver des regrets lorsque l'individu, s'étant accordé la priorité, constate que cela a causé de la peine à autrui. La même situation laisserait un égoïste complètement indifférent. Et un sujet altruiste à l'excès s'en voudrait profondément, persuadé de sa faute et de sa mauvaise nature.

En résumé, quand nous nous plaçons en retrait par rapport aux autres, c'est principalement sous l'influence de notre culpabilité. Celle-ci nous empêche d'instaurer entre eux et nous de saines limites, qui nous permettraient de nous réserver la priorité la plupart du temps, et de la leur accorder à titre ponctuel. En l'absence de telles limites, vous risquez de vous laisser manipuler par ceux qui veulent que vous les mettiez au premier plan, même si cela contrarie fortement votre propre intérêt.

Cet intérêt personnel, vous aimeriez le préserver davantage ? Mais vous craignez de vous rendre coupable d'égoïsme ? Cela n'est vrai que si cette attitude est chez vous systématique. Admettez qu'il est bénéfique de vous donner à vous-même la priorité, sauf exception, et que cela ne signifie pas que les autres vous soient indifférents. L'intérêt personnel éclairé est le seul moyen de réaliser l'essentiel de vos aspirations, tout en préservant la qualité de vos relations avec autrui.

Peut-on feindre la culpabilité ?

Pour que la réponse à cette question soit compréhensible, il faut au préalable distinguer le sentiment de culpabilité et son expression. S'il est peu envisageable qu'on éprouve un sentiment fallacieux de culpabilité, il arrive, en revanche, qu'on en feigne la manifestation extérieure. En voici un exemple :

La culpabilité feinte

Je vis arriver un jour l'une de mes étudiantes, plongée dans un profond désarroi. N'ayant pas terminé le devoir qu'elle était censée me rendre, elle s'en voulait à l'extrême de sa paresse et de sa tendance à tout remettre au lendemain (comportement qu'on désigne sous le nom de « procrastination »). La voyant tellement désemparée, je réagis avec bienveillance, en l'incitant à ne pas s'accabler de reproches. Je lui conseillai de chercher plutôt à comprendre l'origine de son problème, première démarche à entreprendre pour le surmonter – et pour parvenir à rendre son travail dans les temps. Après m'avoir remercié avec effusion, elle quitta mon bureau. Quelle ne fut pas ma surprise quand, dix minutes plus tard, je la vis rire et plaisanter avec d'autres étudiants. Ce revirement d'humeur m'étonna. Un collègue m'indiqua avoir lui aussi remarqué cette versatilité.

→

> Plusieurs années après, mon chemin ayant de nouveau croisé celui de mon ex-étudiante, je lui rappelai cette anecdote. Elle m'avoua que jusqu'à une époque récente, elle avait fait sienne une stratégie qui consiste à s'accuser de tous les maux afin d'éviter une réaction hostile de la part des autres (ou, mieux, dans le but de s'attirer leur sympathie). Elle ne s'était pas le moins du monde sentie coupable de son retard à rendre son devoir ; si elle avait simulé la contrition avec autant d'habileté, c'était juste pour échapper à une sanction de ma part. Une thérapie entamée quelques années plus tard l'avait amenée à s'interroger sur sa tendance à feindre la culpabilité.

Il est très difficile de faire la distinction entre une expression de culpabilité vraie ou feinte. Douées pour la dissimulation, les personnes sujettes à ce comportement s'avèrent très convaincantes. Entre autres indices, on s'en rend notamment compte par le fait qu'après s'être copieusement flagellé, l'intéressé retrouve un peu trop vite une humeur gaie ou sereine.

Vous êtes certain de la fallacieuse expression de culpabilité d'un interlocuteur ? Il importe de le lui faire savoir. Si j'avais été au courant de la tendance de mon étudiante à jouer la comédie, je lui aurais répondu quelque chose comme : « Désolé, mais j'ai du mal à croire que votre tendance à la procrastination vous afflige autant que vous l'affirmez. Mon propos n'est pas de vous accuser d'hypocrisie, mais veuillez être franche avec moi. Vous sentez-vous vraiment aussi coupable que vous le prétendez ? » Réagir ainsi présente un risque car, bien entendu, il arrive que la personne regrette sincèrement sa conduite. Je vous recommande donc de ne le faire qu'en totale connaissance de cause. Si c'est bien le cas, vous instaurerez avec l'autre des rapports plus honnêtes, et vous le dissuaderez de donner dans la manipulation. La motivation principale des personnes qui feignent la culpabilité étant de s'épargner l'hostilité ou les reproches, il importe de leur signifier que vous ne les condamnerez pas pour leurs actes – et ce, que leurs manifestations de culpabilité soient sincères ou non.

La culpabilité peut-elle masquer d'autres sentiments ?

Oui. La culpabilité, quand elle est réelle, peut masquer d'autres sentiments ou émotions plus déterminants pour l'équilibre de la personne, comme l'illustre l'exemple ci-dessous.

Marion : en colère contre son propre père

Marion n'arrivait pas à surmonter sa culpabilité : elle croyait n'avoir pas suffisamment accompagné son père dans les derniers mois de sa vie. Mais au fil de nos entretiens, il s'avéra que la jeune femme avait toujours eu des sentiments mitigés envers lui. D'un côté, elle le vénérait ; mais de l'autre, elle avait souffert de sa sévérité excessive. Avec mon aide, Marion identifia et comprit sa colère à l'égard de son père. Elle admit qu'il n'avait jamais joué le rôle qu'elle attendait de lui. Elle lui pardonna de l'avoir privée de liberté pendant son adolescence et parvint à voir en lui un simple être humain. Sa culpabilité disparut alors, presque du jour au lendemain.

Dans cet exemple, le sentiment masqué était la colère. Après avoir travaillé sur ce problème, Marion, débarrassée de sa culpabilité, réussit à faire son deuil.

Il importe de définir si votre culpabilité ne cache pas, au fond, d'autres malaises affectifs. Pour cela, posez-vous la question suivante : « Si je ne me sentais pas coupable, qu'est-ce que j'éprouverais d'autre ? » Souvent, la culpabilité cache un sentiment plus difficile à accepter, comme la colère ou, plus effrayant, comme le chagrin. Un de mes patients avait perdu un proche. Il s'en voulait de ne pas l'avoir assez soutenu et ne parvenait pas à surmonter l'épreuve du deuil. Mais au fur et à mesure de nos rencontres, il comprit que sa culpabilité lui faisait moins peur que sa tristesse, car elle lui permettait de conserver une certaine maîtrise de ses émotions. Dans son esprit, se laisser aller à son chagrin serait revenu à lâcher prise. C'est pourquoi, comme lui, beaucoup de gens supportent mieux la culpabilité que d'autres émotions ou sentiments.

Quelle est la différence entre la culpabilité et la honte ?

Il est fréquent que l'on confonde la culpabilité et la honte. Nous allons donc identifier leurs ressemblances et leurs différences. Commençons par comparer culpabilité et honte existentielles. Selon ma définition, un individu éprouve une culpabilité existentielle par le fait qu'il se croit habité par le mal. Il se juge intrinsèquement immoral. Quant à la honte existentielle, il s'agit de la conviction persistante qu'on est un incapable, et qu'on est donc inférieur aux autres. Bien que le jugement que se porte la personne soit dans un cas comme dans l'autre négatif, sa qualification est différente : il s'accuse d'être immoral, dans un cas, et inférieur, dans l'autre.

Comparons maintenant la culpabilité et la honte ponctuelles, c'est-à-dire survenant à la suite d'événements spécifiques. Nous avons précédemment distingué trois types de culpabilité ponctuelle. On éprouve le premier lorsqu'on s'avoue avoir transgressé son code moral : « Je n'avais absolument pas le droit d'agir contre mes principes et pourtant je l'ai fait. » Dans le second type, on se reproche de n'avoir pas été à la hauteur de ses propres exigences éthiques : « C'était mon devoir absolu de le faire, et pourtant je ne l'ai pas fait. » Le troisième consiste à s'en vouloir d'avoir blessé autrui, soit en agissant, soit en n'agissant pas de telle ou telle manière : « Je n'avais pas le droit de lui faire du mal et pourtant je l'ai fait. »

Dans le troisième type de culpabilité ponctuelle, l'autre joue un rôle marquant, puisque vous pensez lui avoir fait du mal. Vous vous en considérez responsable et, de ce fait, condamnable. Dans cette situation, la personne meurtrie est supposée en position de dépendance, puisque vos actes commandent ses émotions.

Quant à la honte ponctuelle, elle vous envahit lorsque vous prenez conscience d'une incapacité de votre part, ou d'une infériorité vis-à-vis d'autrui. Ici, le rôle de l'autre prend beaucoup plus de poids que dans le cas de la culpabilité. En effet, vous pensez qu'une ou plusieurs autres personnes ont remarqué votre incapacité, ou votre infériorité. Elles portent sur vous un jugement méprisant ou narquois, que vous êtes prêt à partager.

J'évoquerai mon cas personnel. Adolescent, j'étais affligé d'un fort bégaiement. Je ne prenais la parole en public que quand je ne pouvais faire autrement, et représentais alors un bel exemple de honte ponctuelle. Dès que j'ouvrais la bouche, je perdais tous mes moyens et n'avais qu'une envie, disparaître. En effet, je pensais révéler dans ces circonstances quelque chose qui, chez moi, n'était pas « au point ». J'étais persuadé que les autres ne pouvaient que remarquer mon infériorité et s'en moquer. Cela ne faisait que me conforter dans ma piètre opinion de moi-même. En d'autres termes, j'étais un incapable, un médiocre, ne serait-ce que parce que je laissais les autres s'en apercevoir. Pour surmonter ma honte – et mon angoisse d'apparaître en société, qui allait de pair avec elle –, je modifiai mon attitude envers moi-même, et mes interprétations sur les autres. Cela ne se fit pas en un jour. Peu à peu, je compris que même si mon bégaiement pouvait être considéré comme un défaut, il ne faisait pas de moi quelqu'un de moins bien que les autres. J'étais simplement humain, donc imparfait, et affecté en l'occurrence d'un malheureux trouble du langage. En même temps que j'apprenais à m'en convaincre, je me défaisais de ma tendance à préjuger de l'opinion des autres. Si certains d'entre eux me considéraient bel et bien avec dédain, j'admettais la possibilité que d'autres aient de la sympathie envers moi. Selon mon nouveau raisonnement, même si d'aucuns voyaient une tare dans mon défaut de langue, ils avaient tort de me juger inférieur. Malgré leur mépris réel ou supposé, je m'acceptais avec mon bégaiement. De ce fait, ma honte s'atténua. Dès lors, j'eus moins tendance à me sous-estimer tout en surestimant les autres, attitude caractéristique des personnes complexées.

La culpabilité et la honte ponctuelles vous amènent donc respectivement à vous juger immoral ou inférieur. La honte se distingue aussi de la culpabilité en ce qu'elle accorde à l'autre un rôle encore plus essentiel. En effet, vous voyez en lui un être tout-puissant, qui vous méprise, vous, avorton impuissant et ridicule. Dans le cas de la culpabilité, le rôle de l'autre est important quand vous croyez lui avoir fait du mal, ce qui le place en situation de dépendance envers la moralité de vos actes.

5

Causes particulières de culpabilité

Ce chapitre est consacré à certaines causes particulières de culpabilité. D'abord, j'expliquerai pourquoi nos comportements sexuels en sont souvent entachés. Puis nous examinerons le cas des personnes rescapées de tragédies. Nous étudierons ensuite pourquoi les victimes de viol se sentent coupables de leur agression. Enfin, nous décrypterons le rôle que joue la culpabilité chez certaines personnes atteintes d'une maladie grave ou de la phobie de l'orage.

Pourquoi la sexualité s'accompagne-t-elle souvent d'un sentiment de culpabilité ?

La sexualité s'accompagne bien moins souvent aujourd'hui qu'il y a trente ou quarante ans d'un sentiment de culpabilité. Toutefois, cela se vérifie toujours chez certaines personnes, notamment dans une situation classique : l'adultère. La personne concernée s'en veut d'avoir soit enfreint la morale, soit fait souffrir son conjoint. Là encore, au lieu d'éprouver un repentir constructif, l'intéressé, partant du principe qu'il n'aurait jamais dû avoir de rapports avec une tierce personne, se condamne irrémédiablement pour sa « faute ».

La masturbation peut être encore, elle aussi, une cause de culpabilité. À l'origine, d'antiques croyances interdisaient en effet aux hommes de gaspiller leur semence : il fallait se reproduire pour faire face aux travaux agricoles. Les personnes qui éprouvent ce type de culpabilité ont le choix entre plusieurs façons de la surmonter. La première consiste à s'abstenir de tout geste onaniste. La deuxième solution est de reconsidérer ses principes religieux : aujourd'hui, seuls les courants les plus conservateurs considèrent encore la masturbation comme un péché. Enfin, l'intéressé peut conserver cette pratique, en s'acceptant tel qu'il est : un être humain à qui il est nécessaire d'assouvir des besoins sexuels. Cela me paraît de loin préférable à une culpabilité persistante.

En quoi consiste la culpabilité du rescapé ?

Les personnes ayant survécu à un événement tragique ont tendance à en éprouver une culpabilité. Elle se traduit par diverses réactions. Souvent, c'est le sentiment de n'avoir pas mérité sa chance qui amène le rescapé à culpabiliser. Il ne supporte pas l'idée d'un monde injuste au point de le laisser en vie, alors que d'autres ont péri. C'est le cas de Cédric.

Cédric : la culpabilité des survivants d'accident de la route

Sur l'autoroute, Cédric était au volant, accompagné de trois amis. Un chauffard en état d'ivresse percuta sa voiture en tentant de le dépasser. Cédric survécut, contrairement à ses passagers. Il se sentait coupable car, selon lui, c'était lui qui aurait dû mourir et pas eux. Il se disait que s'il y était resté, peut-être un des autres aurait-il gardé la vie. Cet exemple montre que la culpabilité du rescapé est souvent empreinte d'une sorte de superstition, comme si la mort de l'un pouvait annuler celle de l'autre.

Dans l'exemple de Marc, la culpabilité a une explication différente.

Marc : pourquoi lui ?

Marc, ouvrier, avait survécu à une explosion qui, survenue dans son usine, avait coûté la vie à plusieurs de ses collègues et amis. Une fois remis de ses blessures, il acquit une profonde culpabilité d'être encore vivant. À ses yeux, la mort de ses compagnons était d'autant plus injuste qu'ils valaient mieux que lui. Cette certitude provenait de sa tendance à idéaliser autrui. La conviction que les autres sont meilleurs que nous mérite d'être examinée de près, car elle peut provenir d'un précédent épisode de culpabilité, ou d'une croyance persistante, selon laquelle nous sommes intrinsèquement mauvais.

De nombreux rescapés de tragédies, telles que la guerre ou l'Holocauste, tiennent le raisonnement suivant : « Peut-être aurais-je pu empêcher la mort d'autres personnes. Si c'est le cas, il était de mon devoir absolu de le faire. Je suis impardonnable de ne pas l'avoir fait. » Cette attitude repose sur l'idée implicite que nous posséderions une forme de pouvoir sur des événements pourtant totalement indépendants de notre volonté. Pour surmonter ce type de culpabilité, nous devons admettre cette sinistre réalité que nos compagnons d'infortune puissent périr alors que le seul hasard veut que nous restions en vie.

Souvent, les rescapés des camps de la mort mettent leur survie sur le compte d'un égoïsme, qui leur aurait dicté des comportements auxquels les autres ne se sont pas abaissés. Que cela ait été le cas ou non, ils se condamnent pour cette attitude impardonnable à leurs yeux. Cette réaction relève elle aussi de l'idée suivante : « Dans des domaines aussi importants, le hasard ne saurait jouer. Il y a forcément une raison au fait que j'ai survécu alors que les autres sont morts. La seule explication possible est que j'ai agi de manière égoïste, contrairement à eux. »

La culpabilité des enfants de rescapés

Les enfants des rescapés des camps sont eux aussi victimes de culpabilité. Par exemple, Michael, fils unique, s'en voulait profondément de ne pas être à la hauteur des espérances de ses parents, ex-déportés tous les deux. Inconsciemment, il considérait que ceux-ci ayant survécu à cette terrible épreuve, alors que d'autres, tout aussi méritants, avaient disparu, il lui incombait en quelque sorte de légitimer la chance dont ils avaient bénéficié. Pour lui, il n'y avait d'autre moyen d'y parvenir qu'en atteignant les sommets d'incroyable réussite que ses parents visaient pour lui.

En outre, cette génération se sent souvent coupable du ressentiment que lui inspire la précédente. D'un côté, ces enfants connaissent l'ampleur du traumatisme qu'ont subi leurs parents. De l'autre, ils leur en veulent d'un comportement fréquemment déraisonnable.

David : pas de rancœur possible

David nourrit une profonde rancœur envers ses parents, rescapés d'Auschwitz, à cause de leur intransigeance envers lui. Il reconnaît que leur passé explique la rigidité de leurs attentes, mais ne peut s'empêcher de leur en vouloir. Conscient de sa colère à leur égard, il en tire un surcroît de culpabilité, car il considère qu'après tout ce qu'ils ont souffert, il n'est vraiment pas en droit d'éprouver un tel sentiment envers eux.

Si vous connaissez vous aussi la culpabilité du rescapé, vous devez parvenir à admettre les réalités suivantes :

- Votre survie, lors d'un événement fatal à d'autres personnes, est très probablement le simple fait du hasard. Il n'y a aucune raison pour qu'elle résulte d'un comportement immoral de votre part, destiné à tromper la mort.
- Quand bien même vous auriez commis un acte immoral dans le but de sauver votre vie, et que celui-ci ait entraîné la mort d'autrui, il importe que vous en assumiez la responsabilité, mais en vous acceptant, vous et votre acte. Ne vous autocondamnez pas.
- Croire qu'il vous était possible de sauver la vie des autres, revient à considérer que le monde est à ce point organisé qu'un geste de votre part suffit à prévenir les catastrophes. Là encore, vous devez admettre l'importance du hasard dans notre existence. Même s'il était démontrable que vous auriez pu éviter la mort à d'autres personnes, où est-il écrit que vous en aviez le devoir absolu ? Et en quoi votre incapacité à les sauver fait-elle de vous un être intrinsèquement mauvais ? Comme nous ne cessons de le voir depuis le début de cet ouvrage, rien ne prouve que vous soyez irrécupérable au motif que vous n'avez pas toujours été à la hauteur de vos principes. Une seule chose est sûre : vous êtes humain, donc faillible. Acceptez-vous comme tel, et tirez un enseignement de vos erreurs.

Les enfants des rescapés de camps de concentration doivent porter sur leurs épaules un fardeau particulier. Il faut qu'ils y arrivent sans pour autant succomber à une stérile culpabilité. Pour cela, ils doivent se débarrasser de l'idée selon laquelle, leurs parents ayant connu d'énormes souffrances, ils doivent compenser celles-ci par d'extraordinaires accomplissements. Tout ce qu'on est en droit d'attendre d'eux, c'est qu'ils s'efforcent de réaliser leur potentiel. Si leurs parents en tirent une déception, c'est regrettable. Mais ce n'est pas la fin du monde.

Il est déjà assez difficile de survivre à des événements profondément traumatisants, sans y ajouter une culpabilité inutile. Celle-ci ne peut qu'entraver votre adaptation, de manière aussi réussie que possible, à une situation forcément pénible.

Pourquoi les victimes de viol se sentent-elles coupables ?

Examinons d'abord le cas des atteintes sexuelles perpétrées sur les enfants. Quand elles consultent, des années plus tard, leurs victimes ont tendance à considérer ces faits d'un point de vue d'adulte. C'est pourquoi elles ont du mal à comprendre leur passivité et leur apparente soumission de l'époque. Celles-ci étaient souvent dues à la perspective de terrifiantes conséquences, au cas où l'enfant aurait parlé. En outre, l'adulte violeur était souvent un proche, en qui sa victime avait toute confiance, ce qui limitait encore d'éventuelles résistances de sa part. Il importe de tenir compte de ces éléments lorsqu'on réfléchit rétrospectivement à des faits aussi traumatisants.

Les victimes d'atteintes sexuelles dans l'enfance se sentent coupables de ne pas les avoir empêchées. Dans leur esprit, elles auraient absolument dû y parvenir et, puisque ce n'est pas le cas, c'est de leur faute. Avec de telles croyances, il est difficile, voire impossible, de porter un regard compréhensif et compatissant sur sa propre passivité.

Selon certains spécialistes, la victime d'un viol, qui se sent coupable de son impuissance, tient le raisonnement suivant : « J'aurais absolument dû avoir la force d'empêcher ce viol.

Si j'y ai échoué, c'est de ma faute. » La victime a aussi du mal à admettre l'aspect aléatoire de ce type d'agression. Pourtant, son seul crime est de s'être trouvée au mauvais endroit, au mauvais moment. Elle ne peut s'empêcher de se dire : « Si seulement je n'étais pas passée par cette ruelle obscure (ou : si j'avais été vêtue autrement), ça ne serait pas arrivé. » Les idées de ce genre découlent de l'illusion qu'il est possible d'empêcher les événements néfastes de survenir et qu'il est de notre devoir absolu d'agir dans ce sens. Vous avez vous-même subi une agression sexuelle ? Vous devez comprendre que même si, rétrospectivement, vous croyez avoir pris des risques, cela ne vous rend pas responsable de ce crime. Quel que soit l'endroit où se trouve la victime, et quel que soit son habillement, la responsabilité du viol incombe exclusivement au violeur.

Sandrine : la culpabilité d'une victime de viol

Sandrine a été violée alors qu'elle rentrait chez elle. L'agresseur l'a attaquée par-derrière et l'a poussée dans son appartement. Convaincue qu'il lui était possible d'éviter que surviennent les faits, elle ne cesse de se remémorer les instants qui les ont précédés, se demandant non seulement ce qu'elle aurait *pu* faire, mais aussi ce qu'elle aurait *absolument dû* faire pour l'empêcher. Lors de nos consultations, j'indique à Sandrine que cette recherche obsessive se fonde sur l'illusion qu'elle possédait une parfaite maîtrise de la situation et sur son refus d'admettre qu'un viol puisse être le fruit du hasard. Je l'amène à comprendre qu'il aurait été heureux qu'elle puisse l'empêcher, mais qu'elle est un être humain faillible, et qu'il n'y a donc aucune raison de croire qu'elle devait absolument y parvenir. Sandrine apprend que son incapacité à éviter ce viol ne signifie pas qu'elle soit inapte à faire face à d'autres événements de l'existence – présomption fréquente chez les personnes dont la culpabilité naît de l'illusion qu'on peut maîtriser entièrement le cours de sa vie.

→

J'aide aussi ma patiente à accepter l'idée que son agresseur était physiquement beaucoup plus robuste qu'elle et que, même si elle n'avait pas été en état de choc, elle n'aurait pas été de force à lutter contre lui. Cela l'incite bientôt à s'inscrire à des cours de judo, grâce auxquels elle gagnera un surcroît d'assurance, utile à toute femme vivant seule.

Laura : la culpabilité d'un enfant victime d'attouchements

Enfant, Laura avait subi des attouchements de la part d'un oncle qu'elle adorait. Elle s'en sentait coupable, car elle se rappelait avoir cherché sa tendresse : elle lui prodiguait volontiers des câlins, assise sur ses genoux. Elle s'en voulait aussi de n'avoir rien dit à personne. Selon elle, elle aurait dû crier sur le moment, et en parler à quelqu'un ensuite. Laura était un exemple typique de la victime portant un regard d'adulte sur les atteintes subies dans son enfance. C'est pourquoi je l'encourageai à revoir les choses avec des yeux d'enfant. Elle comprit qu'elle ne pouvait savoir, alors, si elle réagissait ou non de la manière la plus adéquate. Elle comprit aussi que, pour une enfant qui accordait toute sa confiance à son oncle, la trahison de ce dernier était inconcevable. Elle se souvenait d'avoir vaguement eu conscience, à l'époque, que quelque chose de mal se produisait, et d'avoir eu peur quand son oncle lui avait intimé le silence. Laura finit par se convaincre qu'elle n'aurait pu en aucun cas agir autrement, même si cela aurait été préférable. Elle assimila pleinement le fait qu'elle avait réagi ainsi parce qu'elle était enfant, qu'elle faisait confiance à son oncle et qu'elle avait vécu dans la crainte de ce qui se serait produit si elle avait dévoilé leur « secret ».

Sylvie : une culpabilité aggravée

Pour finir, évoquons le cas de Sylvie, victime de deux individus qui l'avaient entraînée de force sur un chantier de construction. Sa culpabilité était due au fait qu'elle avait connu un orgasme au cours du viol. Dans son interprétation, cela voulait dire qu'elle avait en partie provoqué la situation. L'orgasme lors d'un viol n'est pas un phénomène rare. Mais il est très perturbant pour les femmes, dont il aggrave la détresse. J'explique à mes patientes que notre corps a souvent des réactions complètement étrangères aux désirs de notre esprit conscient. C'est pourquoi, dans la situation inverse, il arrive fréquemment qu'une femme n'atteigne pas l'orgasme, pourtant souhaité, avec un homme qu'elle aime de tout son cœur. Dans certaines circonstances, le plaisir ne reflète en rien ce que la personne concernée ressent pour l'autre ; il est juste le résultat d'une stimulation corporelle particulière. Sylvie comprit donc que son orgasme ne révélait en rien une attirance envers ses agresseurs, ni un désir inconscient d'être violée. Il était seulement le signe que nous n'avons pas la maîtrise totale de nos réactions physiques.

La culpabilité influence-t-elle notre aptitude à lutter contre la maladie ?

Effectivement, la culpabilité peut influencer notre aptitude à lutter contre un cancer ou une autre pathologie grave. J'ai consulté à ce sujet plusieurs confrères spécialisés dans le soutien aux malades. Leur expérience corrobore la mienne : parfois, quoique rarement, la culpabilité entrave la guérison. Cette situation rappelle celle des parents qui, par le handicap de leur enfant, pensent payer leurs propres fautes.

Patricia : la maladie comme « châtiment »

Patricia venait d'apprendre qu'elle avait une tumeur au sein. Au choc de cette mauvaise nouvelle s'ajouta une cause supplémentaire de désespoir. À son psy, elle confia qu'elle avait eu quelques années auparavant une liaison, qu'elle avait cachée à son mari et dont elle gardait une profonde culpabilité. Elle croyait son adultère à l'origine de son cancer. Comme nous l'avons vu, la culpabilité dérive de l'autocondamnation de l'intéressé pour avoir enfreint une morale inviolable, ce qui, selon lui, mérite un « châtiment ». Une fois revenue de cette conception, Patricia parvint à s'accepter malgré cette transgression de ses principes. Elle put réfléchir plus librement à ce qui l'avait amenée à tromper son conjoint : sa frustration de femme mariée à un bourreau de travail qui la négligeait. Cela l'aida d'autant plus à s'accepter, et donc à se défaire de l'idée que sa tumeur était une forme de punition de son adultère. Sa culpabilité s'atténuant, elle opta pour plus de sincérité dans ses relations affectives. Trois ans plus tard, elle divorçait. À la même époque, les médecins lui confirmaient sa guérison.

Est-il vrai que la peur de l'orage a quelque chose à voir avec la culpabilité ?

Oui, c'est vrai, mais c'est rare, comme dans le cas où elle joue un rôle dans notre capacité à combattre la maladie. En vingt ans de carrière, je ne l'ai constaté qu'à deux reprises. Voici un de ces deux exemples de phobie de l'orage.

Marie-Thérèse : « Le ciel me punit »

Marie-Thérèse avait une peur bleue de l'orage. Elle vivait de plus en plus difficilement les périodes estivales, appréhendant la moindre annonce de perturbation à la météo. Dès que de sourds grondements s'entendaient au loin, elle se calfeutrait chez elle, et insistait pour que toute la famille en fasse autant. Elle allumait alors toutes les lumières et tous les appareils électriques, pensant ainsi se préserver de la foudre. Les patients souffrant de cette phobie ont souvent été traumatisés par un terrible orage, vécu dans leur enfance. Ce n'était pas le cas de Marie-Thérèse. Après des semaines d'entretien, il s'avéra que cinq ans auparavant, elle avait dérobé de l'argent dans le porte-monnaie d'une collègue. Catholique pratiquante et très à cheval sur les principes, elle s'en mordait toujours les doigts. Sa peur de l'orage avait débuté à la même époque. En outre, elle était alors dépressive, car son mari avait perdu son emploi et elle s'angoissait à propos de la situation financière du foyer. Tout d'abord, je l'aidai à s'accepter, malgré sa transgression de son code moral, et à replacer son geste dans ce contexte de précarité matérielle. Puis je l'incitai à comprendre que sa certitude d'être habitée par le mal l'avait conduite à croire qu'elle méritait un châtiment. Dans son esprit, avec ce déchaînement des éléments, « on » lui signifiait qu'« on » la savait coupable d'une faute. Un jour, Marie-Thérèse décida d'avouer son forfait à sa collègue, de lui rendre son argent avec intérêts, et de lui demander, d'adulte à adulte, son pardon et sa compréhension. À sa grande surprise, sa collègue fut touchée de son courage, lui pardonna aisément son larcin et lui avoua qu'elle avait été elle-même tentée d'en faire autant, à une époque où sa famille traversait des difficultés financières. Maintenant qu'elle s'acceptait avec ses défaillances et qu'elle avait reçu le pardon de sa collègue, Marie-Thérèse vit complètement disparaître sa peur de l'orage, puisqu'elle n'avait plus de raison de croire mériter un quelconque courroux.

Vous avez vous aussi peur du tonnerre et de la foudre, sans savoir pourquoi ? Demandez-vous si vous ne culpabilisez pas d'un acte commis par le passé, et pour lequel vous croyez que le ciel vous punit.

6

Solutions imparfaites

Dans ce chapitre, nous verrons comment les gens tentent de remédier à leur culpabilité, et en quoi ces solutions ne sont que partiellement efficaces. Nous examinerons le rôle du pardon, du réconfort trouvé auprès des autres et de la confession.

Le pardon aide-t-il à surmonter la culpabilité ?

Demander pardon à la personne offensée peut apporter un soulagement. Mais cela revient à soumettre à sa mansuétude votre acceptation de vous-même. Faute de quoi, vous resterez convaincu de votre détestable nature. Comme nous l'avons vu précédemment, une autre solution, beaucoup plus radicale, consiste à vous pardonner à vous-même vos fautes – et ce, que les autres y consentent ou non. Cette acceptation de soi sans conditions est particulièrement importante en cas de refus de leur part. Elle se distingue d'une philosophie de l'acceptation de soi sous conditions, qui laisse au fond de vous un sentiment de culpabilité.

En résumé, cessez de croire que le pardon des autres est nécessaire pour que vous puissiez vous pardonner à vous-même.

Le réconfort que m'apporte mon entourage n'est que passager. Pourquoi ?

Lorsque vous confiez à un proche le motif de votre culpabilité, cette personne vous apporte en général l'une des deux réponses suivantes : elle trouve que ce que vous considérez comme une faute n'en est pas une, ou bien que vous aviez de légitimes raisons d'agir comme vous l'avez fait. Dans un cas comme dans l'autre, ces réactions, bien intentionnées, vous mettent du baume au cœur. Mais le remède est éphémère. Pourquoi ? Parce que ces réponses se fondent sur des systèmes de référence différents du vôtre. De telles solutions sont séduisantes, car les arguments de tierces personnes sont souvent convaincants… sur le moment. Mais une fois revenu face à vous-même, sans votre confident pour vous rassurer, soit vous oubliez ses bonnes paroles, soit votre esprit leur apporte la contradiction.

Émilie : un réconfort passager

Émilie avait réussi à tenir un régime sur la longueur, et à perdre plusieurs kilos. Mais un jour, une querelle avec une collègue la mit dans un tel état de nerfs qu'elle céda aussitôt à un pantagruélique appétit. Elle parvint au bout de quelques jours à reprendre une alimentation raisonnable, mais continua à culpabiliser terriblement pour son laisser-aller. À une amie, elle fit longuement part de ce qu'elle éprouvait. La jeune femme tenta de lui remonter le moral en lui affirmant que son écart n'était pas bien méchant. En outre, elle salua ses mérites, pour avoir réussi à poursuivre son régime aussi longtemps – son accès de gourmandise n'était qu'un incident sur un parcours par ailleurs exemplaire. Au début, Émilie se trouva réconfortée par ces arguments. Mais elle continua à ressasser l'épisode, et se remit à culpabiliser de sa faiblesse vis-à-vis de la nourriture.

Quelque temps plus tard, Émilie parla de son problème à une autre confidente. Adoptant un point de vue différent, celle-ci l'incita à replacer son comportement dans son contexte : pour elle, il était tout à fait compréhensible que sous le coup d'une forte émotion, la jeune femme ait succombé à un soudain accès de gloutonnerie. « Ça arrive à tout le monde, quand on n'a pas le moral », lui expliqua-t-elle. Cette fois aussi, Émilie fut rassurée, mais cela ne dura pas. Elle s'en voulait d'avoir eu une réaction démesurée au conflit avec sa collègue, et ne se trouvait aucune excuse valable pour cela. Elle retomba donc dans son sentiment de culpabilité.

L'exemple d'Émilie montre bien que l'avis de tierces personnes sur vos motifs de culpabilité ne vous apporte qu'un soulagement temporaire, et non une solution durable. Cette dernière consiste, en partant du présupposé que vous avez effectivement commis une erreur, à identifier les croyances culpabilisantes dont vous entourez votre acte, puis à changer vos conceptions en la matière. Au chapitre suivant, nous détaillerons la procédure à suivre pour vous délivrer véritablement de votre culpabilité.

La confession est-elle une solution pour les croyants ?

Selon moi, la confession n'apporte qu'une solution partielle aux problèmes de culpabilité, de même que l'expression d'un remords ou la demande de pardon. En effet, aucun de ces moyens ne vous aide à identifier et à modifier ce qui, dans votre mentalité, vous conduit à culpabiliser. La confession consiste à dévoiler vos péchés à un prêtre, qui écoute en silence ce que vous avez à dire puis vous donne l'absolution. Il peut vous demander, en outre, de faire preuve de repentance, d'une manière ou d'une autre. Mais rappelons l'idée centrale de ce livre : la culpabilité naît de la conviction que vous n'aviez absolument pas le droit d'agir comme vous l'avez fait, et que si vous l'avez fait, c'est que vous êtes mauvais. La confession et l'absolution vous permettent de revoir cette conception : vous n'êtes plus mauvais, puisque vous avez avoué vos péchés et que vous avez été absous. Mais cela veut dire que vous ne parvenez à vous accepter qu'à la condition de vous être confessé et d'avoir reçu l'absolution. Vous n'en restez pas moins convaincu que, si vous n'aviez pas fait la démarche de consulter un prêtre, vous resteriez mauvais.

Il en va de même lorsque, par la prière, vous implorez le pardon. Certes, là encore, vous adoptez une nouvelle position : « Je ne suis plus mauvais, puisque Dieu m'a pardonné. » Mais vous persistez à croire que si vous n'aviez pas demandé et obtenu ce pardon, vous demeureriez foncièrement « méchant ».

Les efforts que vous déployez pour réparer vos fautes n'apportent, eux aussi, qu'un changement partiel de votre mentalité culpabilisante. Vous continuez à croire que vous demeurerez mauvais, à moins de vous racheter. En fait, cette démarche, si elle n'est pas précédée d'une remise en question complète de votre attitude mentale, vous incite à réparer vos erreurs dans une mesure disproportionnée. Par exemple, si vous avez fait de la peine à quelqu'un, vous serez tenté de le supplier de vous pardonner au lieu de faire amende honorable, en adulte.

Mon conseil est, avant d'entreprendre l'une ou l'autre des actions évoquées ci-dessus, de commencer par revenir sur cette idée que vous êtes intrinsèquement mauvais, au motif que vous n'auriez absolument pas dû vous conduire comme vous l'avez fait. Après, et seulement après vous être accepté et vous être pardonné vos propres errements, il sera bienvenu de vous confesser, d'exprimer votre repentir, de prier Dieu de vous pardonner ou de compenser la peine que vous aurez causée. En procédant dans cet ordre, vous fonderez votre démarche sur une saine acceptation de vous-même, et non sur une tentative désespérée de vous débarrasser de votre pernicieuse tendance à la mortification.

7

Se libérer de sa culpabilité, étape par étape

Dans ce chapitre final, nous découvrirons en détail la procédure à suivre – plus efficace que les solutions évoquées dans les pages précédentes – pour vous libérer de votre culpabilité.

Puisque je m'en veux quand je ne respecte pas mes critères éthiques, dois-je réduire mes exigences envers moi-même, ou changer de comportement ?

Avant de réduire vos exigences envers vous-même ou d'entreprendre de changer de comportement, apprenez à réagir autrement à votre inaptitude à atteindre vos critères éthiques. En effet, si vous procédiez dans l'ordre inverse, vos choix demeureraient tributaires de votre mentalité culpabilisante. Ils resteraient influencés par cette conviction que vous devez impérativement être à la hauteur de vos principes et qu'en cas d'échec, vous n'êtes pas quelqu'un de bien. En gardant le même mode de pensée, vous continueriez à vous rendre coupable de ne pas y être parvenu, quand bien même vous manifesteriez moins d'exigences envers vous-même.

Commencez plutôt par renoncer à vous croire irrécupérable sous prétexte que vous avez manqué à vos principes. Ainsi, vous serez mentalement beaucoup mieux préparé à déterminer dans quelle mesure vous devez abaisser la barre, et en quoi vous pouvez améliorer votre comportement. Et au cas où même après cela, vous ne combleriez pas vos attentes envers vous-même, cela vous permettrait de moins vous le reprocher.

En outre, si vous vous efforciez de changer de conduite tout en conservant une culpabilité sous-jacente, vous seriez tenté de ne pas réfléchir à vos erreurs passées, pour éviter que cela ne déclenche en vous un accès de remords.

Nous l'avons vu, la culpabilité vous empêche de porter un regard objectif sur vos écarts et de comprendre les facteurs qui vous ont poussé à les commettre. À l'inverse, un repentir constructif (fondé sur l'idée que vous êtes un être faillible et qu'aucune loi physique ne vous interdit de vous tromper) vous motive à comprendre les raisons qui ont influencé votre ligne de conduite. Il vous permet de tirer un utile enseignement de cette expérience, et donc de vous comporter différemment à l'avenir. Le repentir constructif vous aide à vous accepter, en dépit de votre échec, à agir conformément à vos principes. Si vous conserviez un mode de pensée culpabilisant, vous vous en voudriez de ne pas arriver à respecter vos bonnes résolutions : « Maintenant que j'ai décidé de me comporter de façon plus morale, je dois absolument m'y tenir. Si je n'y parviens pas, c'est mal. »

En conclusion, apprenez d'abord à remplacer vos conceptions culpabilisantes par une philosophie moins exigeante, vous incitant à mieux tolérer vos erreurs. Puis tirez une leçon de vos expériences, en envisageant d'agir de manière plus éthique à l'avenir ou en réduisant vos exigences, le cas échéant. Il est particulièrement recommandé aux perfectionnistes d'abaisser leurs critères, qu'ils fixent trop souvent au-delà de ce qui est humainement possible. Vous avez pour principe, par exemple, de ne jamais faire de peine à quiconque ? Ce n'est pas réaliste : dès lors que nous entretenons des rapports avec d'autres personnes, il nous arrive forcément un jour ou l'autre de les offenser ou de les blesser, soit en faisant, soit en ne faisant pas quelque chose.

Remettre ses principes en question permet-il de surmonter sa culpabilité ?

Remettre ses principes en question ne suffit pas à libérer la personne de sa culpabilité, mais cela y contribue. En fait, ma réponse à cette question est proche de celle que j'ai apportée à la précédente. Partez de l'hypothèse que vos valeurs morales sont pertinentes et, si vous avez eu un comportement en contradiction avec ces principes, reconnaissez que vous avez commis un acte fautif. Puis efforcez-vous d'identifier vos attitudes culpabilisantes, de les abandonner et d'en adopter d'autres. Quand vous vous accepterez malgré vos écarts de conduite supposés, vous serez beaucoup plus apte à juger de l'adéquation de vos valeurs. Si vous les remettiez en question alors que la culpabilité vous envahit encore, vous chercheriez sans doute à vous convaincre que vos principes valent toujours autant pour vous, quand bien même ils seraient complètement dépassés.

Pourquoi est-il aussi important de remettre en question votre code moral ? Sachez qu'il est dans la nature humaine d'accepter aveuglément, dans l'enfance, les valeurs transmises par nos parents ou autres autorités. Selon un processus appelé « introjection », nous avons tendance à « gober » tout rond les préceptes de nos parents, enseignants ou autres autorités, sans nous demander s'ils nous sont applicables ou non. À mon avis, persister à y adhérer sans esprit critique à l'âge adulte n'est pas signe de bien-être mental – un adulte équilibré pense par lui-même. En revanche, vous demander si tel acte relève réellement du bien ou du mal constitue un excellent antidote contre l'acceptation, sans discernement, de la morale de tierces personnes ayant un ascendant sur vous

Un exemple de valeur introjectée : la pratique de la masturbation

J'illustrerai mon propos par l'exemple de Pierre. Celui-ci était venu me consulter parce que les femmes lui inspiraient des pensées préoccupantes. Deux ans auparavant, son épouse et lui s'étaient séparés. Depuis, sa frustration sexuelle n'avait fait qu'augmenter. Au moment de nos premiers entretiens, Pierre n'avait personne dans sa vie. Il craignait, s'il n'arrivait pas à assouvir ses besoins sexuels, de ne plus arriver à se maîtriser, au point, peut-être, d'en arriver à agresser des inconnues. Pour évaluer l'ampleur de son problème, je lui demandai à quelle fréquence il se masturbait. Me regardant avec horreur, il me déclara : « Je ne donne pas dans ce genre de pratiques répugnantes. C'est mal. » « Qu'y a-t-il de mal à cela ? » lui demandai-je. Malgré un bon moment de réflexion intense, Pierre ne trouva pas de réponse à ma question. Il se limita à m'indiquer que son père, son curé et son chef scout le lui avaient dit et qu'il avait admis leur point de vue sur la question. Ayant partagé une existence sexuelle active avec sa femme, rencontrée alors qu'il était encore très jeune, il n'avait pas ressenti la nécessité de se satisfaire en dehors de leurs rapports. Pierre est un exemple représentatif de notre adhésion persistante à des valeurs introjectées : nous sommes convaincus que quelque chose est mal, pour la simple raison que nos parents, ou d'autres autorités ayant marqué leur influence sur nous, l'auraient désapprouvé. Pourtant, leur jugement ne signifie pas que cette chose soit moralement condamnable. Pierre étant croyant, je lui demandai s'il offensait Dieu en se masturbant. Après réflexion, il me dit qu'il ne le pensait pas. Je lui demandai alors à qui il risquait de nuire par cette activité. Il réfléchit de nouveau et me répondit : « À personne. »

J'expliquai alors à Pierre l'origine du tabou qui entoure la masturbation, et que nous avons évoqué plus haut (voir page 76). Je lui suggérai de noter sur le papier les raisons pour lesquelles il considérait qu'il était mal de se masturber. Lors de la séance suivante, une semaine plus tard, Pierre n'avait rien inscrit sur sa feuille. En outre, il semblait beaucoup moins tendu que lors de notre première rencontre. Il avait eu le temps de comprendre que jusqu'alors, il avait accepté, sans le remettre en question, un principe hérité de ses aînés. Après avoir reformulé son propre code moral, il parvint à apaiser ses pulsions sexuelles. Et l'idée d'agresser des femmes lui traversa de moins en moins souvent l'esprit.

Vous pensez avoir vous aussi reçu en héritage des préceptes dépassés ? Posez-vous des questions équivalentes à celles que je posais à Pierre : « Qu'y a-t-il de mal à cela ? », « À qui cela risque-t-il de nuire ? » – et, surtout : « Mes parents (ou d'autres autorités ayant un fort ascendant sur moi) approuveraient-ils cela ? » Peut-être percevrez-vous alors que votre jugement à propos de l'acte en question repose uniquement sur des valeurs morales n'ayant plus cours aujourd'hui. Peut-être avez-vous adopté cette opinion par le seul souci de vous assurer l'agrément de personnes influant sur votre existence. Si c'est le cas, remettez en question l'idée selon laquelle vous ne devez pas susciter leur désapprobation. Comprenez que pour vivre en équilibre, il faut être en accord avec les valeurs auxquelles on croit profondément, et non pas avec celles auxquelles croient d'autres personnes.

En résumé, rappelons la marche à suivre pour remettre vos principes en question. Tout d'abord, partez de l'hypothèse que ces valeurs sont toujours d'actualité et que vous les avez transgressées. Identifiez ensuite vos attitudes culpabilisantes, et remplacez-les par un repentir constructif. Enfin, une fois libéré de votre culpabilité, demandez-vous si vous adhérez vraiment à vos principes, ou si votre morale vous est inspirée par des personnes qui désapprouveraient votre comportement.

Si un ami commettait les actes que je me reproche, je ne lui jetterais pas la pierre. Pourquoi ?

J'observe souvent qu'on montre plus de compréhension et d'indulgence envers ses proches qu'envers soi-même, pour des actes équivalents. Pourquoi ? Imaginons qu'un de vos amis ait fait un faux pas. Vous trouveriez que, certes, il aurait mieux fait de s'abstenir, mais vous ne lui jetez pas la pierre pour autant. Supposons maintenant que vous ayez commis le même écart. Considérant qu'une loi supérieure vous l'interdisait absolument, vous vous décrétez irrémédiablement mauvais. Autrement dit, vous acceptez votre ami, en sa nature d'être humain faillible. Mais, beaucoup plus exigeant envers vous-même, vous refusez de vous accorder la même mansuétude.

À l'analyse, cette différence de traitement révèle un point intéressant. Vous voyez en votre ami un être capable d'errements, et autorisé à en connaître. Tandis que vous, vous pensez faire partie des héros surhumains, qui n'y ont pas droit. En quelque sorte, vous vous classez parmi les divinités. Ne parvenant pas à tenir votre rang, vous vous rabaissez au niveau des démons, habités par le mal. En bref, vous oubliez complètement qu'il est humain de se tromper.

Pour vous accorder la même indulgence qu'à votre ami, renoncez à la perfection divine. Et acceptez-vous en tant qu'humain faillible, égal en cela à l'ensemble de vos pareils.

Victoria et sa meilleure amie face à l'IVG

Cela me rappelle le cas de Victoria. À dix-huit ans, elle s'était trouvée enceinte et, après mûre réflexion, avait décidé de pratiquer une interruption volontaire de grossesse. En effet, élever seule un enfant, surtout à son âge, lui paraissait d'une difficulté insurmontable. Mais à peine l'IVG effectuée, elle fut submergée par un profond sentiment de culpabilité. Elle se reprochait son choix, qui allait à l'encontre des principes transmis par son éducation. De plus, Victoria s'accusait d'égoïsme, considérant n'avoir tenu compte que de son intérêt personnel. Un traitement antidépresseur n'avait servi en rien à atténuer son désespoir. Après plusieurs entretiens qui ne semblèrent pas non plus lui apporter de soulagement, voici comment je l'aidai à se défaire de sa culpabilité.

Moi : Donc, Victoria, vous vous sentez coupable pour deux raisons. D'abord, parce que vous avez interrompu votre grossesse et, ensuite, parce que vous considérez avoir pensé à vous et non à l'enfant à naître. C'est bien ça ?

Victoria : Oui, c'est exactement ce que je ressens.

Moi : Qui est votre meilleure amie ?

Victoria : Elle s'appelle Solène, nous sommes très proches.

Moi : Supposons que Solène soit enceinte et envisage une IVG. Bien entendu, si vous l'appreniez, vous vous empresseriez de l'accuser de tous les maux.

Victoria : En voilà une idée ! Jamais je ne ferais une chose pareille.

Moi : Admettons que vous ne le lui diriez pas en face, mais vous n'en penseriez pas moins, non ? Vous trouveriez cela impardonnable.

Victoria : Non, c'est mon amie, vous dis-je.

Moi : Pourquoi ne la condamneriez-vous pas ?

Victoria : Solène est quelqu'un de très bien, je n'ai aucune raison de mal la juger.

Moi : Même si elle avait commis un acte qui vous paraissait abominable ?

→

Victoria : Même dans ce cas. D'ailleurs, je crois Solène incapable de faire du mal.

Moi : Donc, pour résumer, vous vous condamnez sans appel parce que vous avez avorté. Vous vous reprochez de n'avoir agi que par égoïsme, de manquer totalement de cœur. Solène fait la même chose et c'est quelqu'un de bien. Comment expliquez-vous cela ?

Victoria : Vous m'embrouillez, je ne sais pas où vous voulez en venir.

Moi : Eh bien, vous semblez faire « deux poids, deux mesures ». D'un côté, si Solène agissait exactement comme vous, vous ne la condamneriez pas, sachant toutes les qualités qu'elle possède par ailleurs. Vous verriez simplement en elle un être humain, donc faillible. Certes, vous n'approuveriez pas son choix. Mais cela ne ferait pas d'elle une mauvaise personne à vos yeux, n'est-ce pas ?

Victoria : Effectivement, je vois ce que vous voulez dire.

Moi : Vous, de l'autre côté, alors que vous avez exactement le même comportement, vous portez sur vous-même un jugement catégorique et impitoyable. En fait, vous considérez que votre conduite doit être irréprochable, et pas la sienne. Elle, elle a le droit d'être humaine. Vous, non.

Victoria : C'est vrai. Je n'avais jamais envisagé les choses de ce point de vue.

Moi : Pour aller de l'avant, il faudrait que vous parveniez à vous accorder à vous-même le même traitement qu'à Solène. Ne vous méprenez pas, en l'état des choses, je ne vous incite pas à minimiser la gravité de votre acte. Je n'essaie pas non plus de vous convaincre que vous n'avez pas agi par égoïsme. Nous en reparlerons par la suite. Mais si vous commenciez à vous accepter en tant qu'être humain qui a commis une erreur, vous éprouveriez non plus une culpabilité qui ne mène à rien, mais ce que j'appelle un repentir constructif. Cela vous permettrait de comprendre ce qui vous a amenée à décider de cette IVG. En effet, si vous persistez à vous condamner irrémédiablement, comment pourrez-vous examiner, avec un regard compatissant, les motifs profonds de votre choix ?

Victoria : En bref, vous voulez juste que j'apprenne à me réserver le même traitement qu'à Solène. Vous n'essayez pas de me convaincre que j'ai pris la bonne décision et qu'il n'y avait pas d'égoïsme à ça ?

MOI : Non, pour le moment, j'admets l'hypothèse que vous avez enfreint vos principes et que vous avez effectivement agi par égoïsme. Je tente juste de vous inciter à vous pardonner, comme vous le feriez pour Solène.

VICTORIA : Ça, ça se tient. Je veux bien essayer.

Reprenant mes arguments à son compte, Victoria parvint à se libérer de sa culpabilité, en s'acceptant malgré ce qu'elle continuait à considérer comme une faute. Elle ne se départit pas de ce jugement, mais cessa de se faire des reproches. Adoptant envers elle-même une attitude plus compatissante, elle admit qu'elle avait pris sa décision dans un moment de profonde solitude, de détresse et de crainte de l'avenir.

L'histoire de Victoria confirme ce que je constate sans cesse en consultation : les gens qui se condamnent au motif qu'ils ont transgressé leurs principes s'interdisent, par leur culpabilité, de tenir compte du contexte expliquant l'acte qu'ils ont à se reprocher. En revanche, lorsqu'ils commencent à s'accepter, eux et leur « crime », ils adoptent un état d'esprit plus favorable à l'examen de leurs « circonstances atténuantes ».

Comment évaluer la gravité de sa « faute » ?

Pour évaluer la gravité de sa « faute », c'est-à-dire, en d'autres termes, pour parvenir à relativiser, il existe plusieurs méthodes, que je vous recommande de mettre en pratique. Mais, là encore, je vous conseille de ne le faire qu'après avoir abandonné votre mode de pensée culpabilisant. En effet, votre sentiment de culpabilité vous empêche d'estimer les choses à leur juste mesure, en toute logique et avec l'objectivité nécessaire pour tirer tout le parti des techniques que je décris ci-dessous.

Supposons, par conséquent, que vous sachiez exactement quels faits sont à l'origine de votre culpabilité et qu'en outre, vous ayez remplacé vos attitudes culpabilisantes par d'autres, plus propices à un repentir constructif. Comment porter un regard plus objectif sur votre comportement, en le remettant en perspective ?

• La première méthode que j'ai à vous proposer est celle de l'« échelle de gravité ». Sur une feuille de papier, tracez une ligne verticale, et inscrivez les différents degrés de gravité comme dans la figure 1, sous forme de pourcentages de 0 à 100.

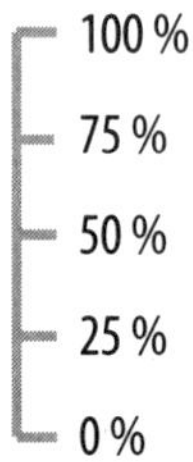

Figure 1 : Échelle de gravité

Réfléchissez maintenant à l'acte que vous vous reprochez, puis situez-le sur l'échelle de gravité en dessinant une croix sur la ligne verticale. Songez maintenant au crime le plus abominable qu'un être humain soit, selon vous, capable de perpétrer. Inscrivez ce péché capital tout en haut de l'échelle, à côté de « 100 % ». Trouvez maintenant une série d'autres méfaits, du très grave au relativement bénin. Notez-les, de même, à côté des pourcentages correspondants. Reconsidérez maintenant votre acte, avec autant d'objectivité que possible. Comparez-le à ce que vous considérez comme le péché capital, puis avec les autres fautes inscrites sur votre papier. Cela devrait vous amener à en réévaluer la gravité. Selon toute probabilité, votre second jugement sera moins sévère que le premier.

Ce procédé n'a pas pour but de vous dégager de vos responsabilités, mais de replacer votre comportement dans un contexte moral plus large.

• La deuxième méthode est celle du « dernier jour à vivre ». Il s'agit de porter sur votre acte le regard qui serait le vôtre si vous deviez mourir demain. Parions qu'en la circonstance, vous le trouveriez beaucoup moins condamnable.

• Une autre technique, analogue, repose sur une projection dans le temps. Évaluez la gravité de votre conduite. Puis imaginez qu'une machine vous transporte dans cinq ans. Rétrospectivement, à quel point pensez-vous avoir mal agi ? S'il le faut, projetez-vous dans dix ans, dans vingt ans... jusqu'à ce que vous constatiez que le passage du temps modifie votre jugement. Ce que vous considérez à présent comme un péché mortel vous inspirera sûrement plus d'indulgence.

Le suicide : la pire des solutions

Relatons l'histoire de Richard. Il était venu me consulter parce que sa belle-fille, maintenant adulte, l'avait récemment accusé d'abus sexuels, remontant à son adolescence. Richard, après avoir reconnu les faits, avait tenté de se suicider en se tailladant les veines et en avalant une forte dose de barbituriques. Par chance, sa femme avait réussi à ouvrir la porte de la salle de bains où il s'était enfermé et on avait pu lui sauver la vie. À aucun moment, lors de nos entretiens, je ne cherchai à minimiser la gravité de ses actes, dont je convenais avec lui qu'elle était extrême. Toutefois, je lui montrai que son comportement résultait d'une inaptitude à maîtriser ses pulsions, qui s'ajoutait à des troubles affectifs. Si tous les gens qui cumulent les deux décidaient de passer de vie à trépas, la population mondiale tomberait en chute libre.

J'indiquai à Richard que, certes, il lui faudrait porter toute sa vie le poids de ce crime, mais qu'il pouvait y parvenir en adoptant une attitude de repentir constructif plus appropriée qu'une culpabilité stérile et, dans son cas, moins dangereuse pour son existence.

N'essayez ces méthodes qu'après vous être défait de votre mode de pensée culpabilisant. Il le faut, pour atteindre à l'objectivité nécessaire pour en tirer le meilleur bénéfice.

L'efficacité de ces techniques se vérifie d'autant plus que vous avez exagéré la gravité de vos « méfaits ». Lorsque la faute est vraiment répréhensible (que vous le reconnaissiez ou non), elles sont d'une utilité limitée. Dans ces conditions, comment vous pardonner à vous-même un acte qui semble impardonnable ? En appliquant à la lettre les préceptes de ce livre. Commencez par admettre que vous vous êtes comporté de manière contraire à la morale. Rappelez-vous que l'être humain est indéniablement capable des pires atrocités. Cela posé, il est capital que vous tiriez un enseignement de cette expérience, afin de ne pas reproduire cette terrible faute. C'est pourquoi vous devez absolument vous la pardonner à vous-même.

Cette approche de l'aide aux personnes ayant commis des viols ou d'autres actes horribles me paraît la plus humaine possible. Elle consiste à encourager l'individu à assumer l'entière responsabilité de son acte et à en reconnaître l'extrême gravité, tout en voyant en celui-ci la preuve de profonds problèmes affectifs. Elle l'amène à s'accepter en tant qu'humain souffrant de difficultés psychologiques, au lieu de se considérer comme investi par le mal, et méritant donc un sévère châtiment – voire la mort, selon la perception de Richard. Une fois que la personne s'est acceptée avec ses fautes, y compris gravissimes, elle devient à même de réfléchir à sa conduite et d'en comprendre le pourquoi. Elle peut ainsi apprendre quelque chose de son expérience et réduire ses risques de récidive.

Si je n'avais pas aidé Richard à s'accepter, je suis certain qu'il se serait donné la mort, ou bien qu'il aurait persisté dans un comportement nuisible, reflétant l'idée qu'il se faisait de sa propre nature.

Comment procéder pour venir à bout de sa culpabilité ?

Voici, en neuf étapes, la marche à suivre pour réussir au mieux à surmonter sa culpabilité, lorsqu'elle est de type ponctuel.

ÉTAPE 1 : Identifiez votre sentiment de culpabilité, en veillant à le distinguer des autres (la honte, notamment).

ÉTAPE 2 : Identifiez un éventuel problème connexe à votre culpabilité (par exemple, une colère envers vous-même, causée par cette culpabilité même). Si vous en trouvez un, traitez-le en premier. Dites-vous qu'il serait, certes, préférable de ne pas éprouver de culpabilité, mais qu'aucune loi de la nature ne vous en empêche. Vous vous sentez coupable, c'est un fait, et il en va ainsi parce que vous avez une mentalité propre à engendrer de la culpabilité. Reconnaissez que même si ce sentiment se caractérise par ses effets néfastes, suivre cette voie ne fait pas de vous quelqu'un de stupide. Si c'était le cas, vous agiriez en permanence en dépit du bon sens. En réalité, vous êtes un être faillible, à qui il arrive d'aller à l'encontre de son intérêt. Il importe de surmonter le problème connexe à votre culpabilité, car ensuite, vous pourrez centrer vos efforts sur celle-ci, qui constitue votre principal problème.

ÉTAPE 3 : Identifiez ce dont vous vous sentez le plus coupable. Il importe de le déterminer avec le plus de précision possible.

Gardez à l'esprit que la culpabilité survient dans l'un des trois cas suivants :

- par l'un de vos actes, vous avez enfreint votre morale ;
- en ne faisant pas telle ou telle chose, vous ne vous êtes pas montré à la hauteur de vos principes ;
- par l'un de vos actes, vous avez nui à quelqu'un d'autre, ou vous lui avez fait de la peine.

Pour le moment, admettez l'hypothèse que votre comportement était bel et bien fautif.

ÉTAPE 4 : Identifiez les conceptions et attitudes qui vous incitent à culpabiliser. Examinez en particulier les règles que vous vous imposez à vous-même. Pensez-vous n'avoir aucun droit de transgresser vos principes ? Trouvez-vous que vous devez à tout prix vous montrer à la hauteur de vos exigences morales ? Considérez-vous qu'en aucun cas, vous ne devez faire souffrir autrui ?

Examinez ensuite en quoi cette attitude contribue à votre tendance à la culpabilisation. La transgression des règles que nous venons d'évoquer vous amène-t-elle à vous juger irrémédiablement « mauvais » ? Pensez-vous mériter une sanction pour cela ?

ÉTAPE 5 : Admettez que ces conceptions et attitudes jouent un rôle essentiel dans votre culpabilité. Reconnaissez qu'elles ne mènent à rien de positif et qu'il vaudrait mieux les remplacer par des regrets plus constructifs.

ÉTAPE 6 : Remettez en question vos conceptions et attitudes culpabilisantes. Pour cela, posez-vous les trois questions suivantes : cette conception (ou attitude) a-t-elle des effets bénéfiques sur mon équilibre affectif ? Est-elle logique ? Est-elle conforme à la réalité ?

Examinons, par exemple, votre conviction de n'avoir aucun droit à enfreindre vos grands principes. Appliquez-lui chacune des trois questions suivantes.

- ***Cette conviction a-t-elle des effets bénéfiques sur mon équilibre affectif ?*** Non. Tant que vous vous interdirez toute infraction à vos principes, vous alimenterez votre culpabilité. En outre, cela vous empêchera de découvrir ce qui, en fait, vous a amené à les transgresser.
- ***Est-elle logique ?*** Non. Bien entendu, il est tout à fait sain de considérer qu'il aurait été préférable de rester dans le cadre de votre morale. Mais il n'en découle pas que l'enfreindre était absolument exclu. En effet, il n'y a pas de lien logique entre ce qui est souhaitable et ce qui est obligatoire ou interdit. Ce n'est pas parce qu'il serait très agréable qu'un magot vous tombe soudain du ciel que vous pouvez exiger que cela se réalise. De même, qu'il soit préférable de respecter ses principes n'implique pas qu'on les respecte systématiquement.
- ***Est-elle conforme à la réalité ?*** Non. Si une loi physique et universelle nous interdisait absolument de violer notre code moral, il vous serait impossible de le faire. En effet, vous n'auriez pas d'autre choix que de vous y plier. Or, la règle excluant l'éventualité d'une transgression de vos principes, et que vous voudriez vous appliquer, ne reflète pas la réalité puisque vous les avez bel et bien enfreints !

En conclusion, admettez que l'exigence que vous vous imposez – le respect strict et constant de vos principes – est dénuée d'effets positifs, de logique et de rapport avec la réalité. Il est bien plus utile de vous dire ceci : « Je préférerais largement les respecter en permanence, mais malheureusement, aucune loi physique ne m'y oblige. » En effet, cette conception des choses, logique et cohérente avec la réalité, vous incite à un repentir constructif.

Envisageons maintenant votre conviction d'être quelqu'un de « mauvais » pour avoir transgressé vos principes, et soumettons-la à nos trois questions.

- ***Cette conviction a-t-elle des effets bénéfiques sur mon équilibre affectif ?*** La réponse est « non », de toute évidence. Dès lors que vous vous étiquetez « mauvais » ou « méchant », vous ne pouvez que vous sentir coupable de votre transgression. Cette culpabilité va forcément vous empêcher de comprendre pourquoi vous avez enfreint vos principes. Et cela accroît la probabilité que vous continuerez à agir d'une manière qui reflète votre perception de vous-même. Autrement dit, au lieu de limiter vos chances de « récidive », vous les augmentez.
- ***Est-elle logique ?*** Vous considérez qu'avoir commis quelque chose de mal fait de vous quelqu'un de « mauvais ». C'est contraire à la logique, car cela relève de la généralisation à outrance. D'un fait très probablement réel (vous vous êtes mal conduit), vous tirez une conclusion fausse : chez vous, il n'y a rien à rattraper.
- ***Est-elle conforme à la réalité ?*** Si vous étiez « mauvais » par nature, votre comportement serait systématiquement nuisible. Vous seriez incapable d'agir dans le sens du bien. Une fois de plus, c'est absurde. Vous êtes un être humain, complexe et faillible. Par conséquent, vous êtes appelé à vous comporter de manière extrêmement diverse, parfois morale, parfois immorale, parfois ni l'un ni l'autre.

Il serait beaucoup plus profitable d'adopter la conception suivante : « J'ai eu le tort de transgresser ma morale, mais je ne suis pas quelqu'un de mauvais pour autant, juste un être humain et donc imparfait qui a commis une faute. » Elle est plus constructive, car elle inspire une volonté de repentir plutôt qu'une culpabilité. En outre, elle est logique, puisqu'elle n'implique pas que vos actes définissent votre être dans sa totalité. Enfin, elle reflète la réalité, qui veut que vous soyez, comme tout le monde, une personne faillible, capable de bien, de mal et de comportements neutres.

ÉTAPE 7 : Habituez-vous à pratiquer votre nouvelle attitude. À ce stade, parions que vous admettez intellectuellement ce qui précède, mais que votre changement d'attitude ne produit pas encore d'effets sur votre « ressenti » – enfin, pas encore !

Pour adhérer fortement à vos nouvelles conceptions, il est indispensable de les mettre en pratique. Pour cela, vous ne manquerez pas d'occasions. Tout d'abord, prenez l'habitude, chaque fois qu'un sentiment de culpabilité vous traverse, de rechercher la conception ou l'attitude négative qui l'a suscité. Puis remettez-la en question comme nous l'avons vu à l'étape 6. Plus vous vous exercerez à identifier et à réagir à ces conceptions ou attitudes néfastes, plus vous ferez vôtres des conceptions et attitudes propices à un repentir constructif.

Attention, n'imitez pas le perroquet ! Apprenez, au contraire, avec un esprit d'analyse. Notez sur le papier vos attitudes culpabilisantes et confrontez-les aux trois questions indiquées à l'étape 6. Prêtez-vous à ce jeu plusieurs fois par jour. Au lieu de recopier vos réponses précédentes, veillez à répondre chaque fois comme si c'était la première, et ce, avec vos mots à vous. Prouvez-vous à vous-même que les attitudes culpabilisantes sont improductives, à l'inverse de celles que je vous propose de leur substituer. Ayez conscience de la difficulté de cette remise en question. Sachez toutefois que votre persévérance et vos efforts vous permettront de vous y habituer, et renforceront votre adhésion à vos nouvelles convictions. À son tour, cette démarche vous libérera de plus en plus de votre culpabilité. Malheureusement, rien ne peut remplacer une pratique répétée.

Voici un exercice, pour vous aider à consolider vos nouvelles et constructives attitudes. Il fait appel à votre imagination.

- Sur une fiche de bristol, inscrivez les conceptions que vous souhaitez renforcer dans votre esprit.
- Représentez-vous mentalement, de manière aussi nette et fidèle que possible, l'acte de transgression qui est à l'origine de votre culpabilité.
- Autorisez-vous momentanément à vous en sentir coupable. Il importe, à cette phase, que votre réaction première soit de culpabiliser.
- Dès que vous ressentez une culpabilité, relisez sur votre fiche les conceptions constructives auxquelles vous voulez adhérer, tout en continuant à revoir en esprit votre acte fautif. Ne procédez pas à la légère, car cela serait sans effet. Appliquez-vous, au contraire, à cette relecture. Mettez-y du cœur. Effectuez cette révision jusqu'à ce que vous éprouviez un sentiment nouveau chez vous, le repentir constructif, en lieu et place de la culpabilité. Vous apprendrez ainsi que cette culpabilité peut servir de point de départ à un examen plus constructif des faits.
- Veillez à conserver ces attitudes nouvelles et positives, ainsi que le repentir qui en découle (tout en gardant votre acte présent à l'esprit), jusqu'à ce qu'elles vous soient naturelles, ce qui ne saurait survenir du jour au lendemain.
- Mon conseil : effectuez cet exercice pendant dix minutes, trois fois par jour.

ÉTAPE 8 : Jugez de nouveau votre comportement et tirez une leçon de vos erreurs. Quand vous aurez réussi à remplacer votre culpabilité par un repentir constructif, vous serez à même de réévaluer votre comportement et de tirer une leçon de vos erreurs. Posez-vous la question suivante : « Me suis-je conduit de façon aussi condamnable que je le pense ? » Si vous répondez par l'affirmative, c'est qu'il vous reste encore quelque chose à apprendre de votre acte. Réfléchissez-y de nouveau, en vous demandant ce qui vous a amené à le commettre. Quel était votre état d'esprit à ce moment-là ? Votre volonté de repentir va ici prouver son utilité. Gardez-la en tête jusqu'à ce que vous ayez compris le pourquoi de votre comportement. Ensuite, vous vous interrogerez sur l'enseignement à en extraire, afin de limiter vos chances de refaire le même faux pas.

Si, au contraire, vous en arrivez à la conclusion que votre acte était moins grave que vous ne le pensiez, ou qu'il ne constituait pas une transgression de vos valeurs morales, vous aurez appris une importante leçon. Vous aurez compris à quel point la culpabilité peut troubler votre capacité de jugement sur vos actes.

ÉTAPE 9 : Réparez. Vous êtes toujours convaincu d'avoir enfreint vos principes ? À ce stade de votre progression, vous êtes à même de trouver comment, si nécessaire, réparer votre acte ou faire amende honorable. Maintenant que vous vous êtes départi de votre culpabilité, il serait étonnant que vos tentatives de rachat soient inappropriées. Au lieu de vous jeter à genoux pour implorer le pardon de la personne offensée, on peut supposer que vous le lui demanderez d'adulte à adulte. De même, si vous souhaitez compenser d'une manière ou d'une autre le préjudice subi par l'autre, il est probable que vous ne tomberez pas dans l'excès en offrant une réparation disproportionnée.

Les neuf étapes ci-dessus s'appliquent plus particulièrement aux cas de culpabilité ponctuelle (c'est-à-dire suscitée par un acte isolé). Mais souvenez-vous : il existe un autre type de culpabilité, dite existentielle. Celle-ci découle de la conviction permanente et profondément ancrée en vous, que vous êtes mauvais, non pas à cause de votre comportement, mais par votre nature même. La culpabilité existentielle s'avère plus résistante que la culpabilité ponctuelle à la méthode que nous venons de retracer. Si vous en êtes affecté, je vous recommande de consulter un professionnel. En attendant, voici quelques conseils.

Commencez par vous demander pourquoi vous êtes persuadé d'être foncièrement mauvais. Peut-être, au sein de votre famille, serviez-vous de bouc émissaire ? Si vous en prenez conscience, vous devez avant tout travailler sur votre colère envers vos proches, auxquels vous gardez rancune de vous avoir fait endosser ce rôle. Rendez-vous compte qu'en agissant, hélas, de manière aussi néfaste, ils se sont comportés en êtres humains faillibles. Malheureusement, la nature n'est pas ainsi faite qu'elle nous évite de mal (voire très mal) nous conduire. Si certains membres de votre entourage ont fait de vous la cause de tous leurs maux, c'est, sans doute, parce qu'ils souffraient eux-mêmes de problèmes affectifs et qu'au lieu de chercher à les surmonter, ils ont choisi de les projeter sur vous. Vous ne devez pas leur jeter la pierre pour cela, même si leurs torts sont extrêmes. Gardez à l'esprit qu'en tant qu'humains faillibles, ils ont agi de la sorte parce qu'ils étaient atteints de troubles, et non parce que c'étaient des êtres malfaisants, qui mériteraient d'être punis.

Ensuite, partez de l'hypothèse que vous êtes bel et bien quelqu'un de mauvais. Constatez que de multiples occasions prouvent combien ce postulat est faux, et improductif. Si vous étiez intrinsèquement mauvais, vous ne commettriez que des méfaits en permanence, ce qui semble peu réaliste.

Même Hitler aimait sa maîtresse, Eva Braun, les enfants et les animaux. S'il est possible de découvrir en lui quelques parcelles d'humanité, comment pourriez-vous être entièrement mauvais ? Rappelez-vous sans cesse que vous êtes une personne faillible, qui s'est mis dans l'idée qu'elle était irrécupérable. Dites-vous que ce n'est pas parce qu'on se croit mauvais qu'on l'est. Conserver cette attitude reviendrait à vous enfermer à jamais dans votre culpabilité existentielle. Au lieu de croire que votre culpabilité vous éclaire la voie vers la vérité, servez-vous-en de point de départ pour remettre en question votre certitude d'être mauvais. J'insiste sur ce point car il est important : votre sentiment d'être mauvais n'est rien d'autre qu'un sentiment. En aucun cas, il ne peut vous guider vers la réalité. Ce qui est vrai est quelque chose à quoi vous ne croyez pas encore : vous êtes un être humain faillible, complexe alliance d'aspects bons, mauvais ou neutres. Exercez-vous à assimiler cette nouvelle idée, inlassablement, jusqu'à ce que vous y adhériez. Votre conviction d'être mauvais est sans doute aussi ancienne que les plus lointains de vos souvenirs. Il vous faudra un long entraînement pour en revenir, et pour la remplacer par l'idée que vous êtes capable d'erreurs, comme tout le monde. Exercez-vous, partez de l'hypothèse que cette nouvelle idée est vraie. Je suis sûr qu'à la longue, vos efforts seront récompensés.

Table des matières

Préface 7

1 – Qu'est-ce que la culpabilité ? 9

Qu'est-ce que la culpabilité ? 9

Pourriez-vous illustrer votre analyse par un exemple ? 10

Pourquoi nos attitudes jouent-elles un rôle aussi important ? 11

Certaines personnes disent se sentir coupables sans raison, ou en permanence. Comment l'expliquer ? 12

Est-il possible d'éviter de mal faire ? 16

Je ressasse sans cesse un acte commis dans le passé. Comment me débarrasser de ce remords obsédant ? 19

2 – Les effets de la culpabilité 23

La culpabilité n'est-elle pas utile, en ce qu'elle nous aide à comprendre ce qui ne va pas chez nous ? 23

Quels autres sentiments accompagnent la culpabilité ? 26

Quels comportements la culpabilité entraîne-t-elle ? 27

Sachant ma culpabilité néfaste, je m'en veux de me sentir coupable. Cela fait deux problèmes pour le prix d'un. Que faire ? 29

Il paraît que la culpabilité joue un rôle dans les troubles obsessionnels compulsifs. Comment l'expliquez-vous ? 30

Quels sont les autres effets de la culpabilité ? 33

3 – Le rôle des autres dans notre culpabilité 39
D'après vous, notre culpabilité accroît nos chances de violer nos règles morales et de faire souffrir autrui. J'aurais cru qu'elle permettait, au contraire, de l'éviter. Pouvez-vous m'éclairer ? 39
La tendance à la culpabilisation et à l'autocondamnation incite-t-elle à la sévérité envers autrui ? 42
Pourquoi certaines personnes ont-elles du mal à s'avouer leurs erreurs, et à les avouer aux autres ? 45
Bien des gens ne disent pas ce qu'ils pensent, de crainte de faire de la peine. Que leur conseilleriez-vous ? 50
N'est-il pas normal, quand nous agissons mal et impliquons une autre personne dans nos actes, de nous sentir responsables de sa conduite ? 54
Les autres font que je me sens coupable. Comment l'éviter ? 56
Quand je ne paie pas une faveur en retour, je m'en veux. Pourquoi ? 60

4 – Culpabilité et problèmes connexes 63
La culpabilité est-elle liée à d'autres problèmes affectifs ou comportementaux ? 63
La culpabilité ne nous préserve-t-elle pas de l'égoïsme ? 67
Peut-on feindre la culpabilité ? 69
La culpabilité peut-elle masquer d'autres sentiments ? 71
Quelle est la différence entre la culpabilité et la honte ? 72

5 – Causes particulières de culpabilité 75
Pourquoi la sexualité s'accompagne-t-elle souvent d'un sentiment de culpabilité ? 75
En quoi consiste la culpabilité du rescapé ? 76
Pourquoi les victimes de viol se sentent-elles coupables ? 80
La culpabilité influence-t-elle notre aptitude à lutter contre la maladie ? 83
Est-il vrai que la peur de l'orage a quelque chose à voir avec la culpabilité ? 84

6 – Solutions imparfaites 87
Le pardon aide-t-il à surmonter la culpabilité ? 87
Le réconfort que m'apporte mon entourage n'est que passager. Pourquoi ? 88
La confession est-elle une solution pour les croyants ? 89

7 – Se libérer de sa culpabilité, étape par étape 93
Puisque je m'en veux quand je ne respecte pas mes critères éthiques, dois-je réduire mes exigences envers moi-même, ou changer de comportement ? 93
Remettre ses principes en question permet-il de surmonter sa culpabilité ? 95
Si un ami commettait les actes que je me reproche, je ne lui jetterais pas la pierre. Pourquoi ? 98
Comment évaluer la gravité de sa « faute » ? 101
Comment procéder pour venir à bout de sa culpabilité ? 105

Du même auteur, aux éditions Quotidien Malin

10 étapes pour une vie positive

Chassez vos idées noires et prenez la vie du bon côté !

ISBN : 978-2-84899-500-7
Format : 11 × 17,8 cm
Pages : 160
Prix : 6 euros

DÉCOUVREZ AUSSI

Comment se débarrasser de l'anxiété et de la dépression

Shirley Trickett

Avec ce livre, apprenez à être enfin vous-même et débarrassez-vous pour toujours de votre mal-être.

ISBN : 978-2-84899-612-7
Format : 11 × 17,8 cm
Pages : 192
Prix : 6 euros

DEMANDEZ NOTRE CATALOGUE

Pour recevoir notre catalogue au format PDF, directement sur votre messagerie, merci de nous confier vos coordonnées sur la page suivante :
http://leduc.force.com/lecteur,
ou en flashant ce code ci-contre :

Si vous préférez qu'on vous l'envoie par la Poste, merci de bien vouloir découper, photocopier ou recopier le questionnaire ci-dessous et nous le retourner complété à :

Éditions Leduc.s, 17 rue du Regard, 75006 Paris

☐ Madame ☐ Monsieur

Prénom ....

Nom ....

Adresse ....

....

Code postal ....

Ville ....

Pays ....

Date de naissance .. / .. / ....

Email ....

☐ Oui, je m'inscris à la lettre mensuelle pour recevoir des infos exclusives, des surprises et des avant-premières.

LIVRE LU ....

SITE INTERNET DES ÉDITIONS LEDUC.S

D'ores et déjà, retrouvez l'intégralité de notre catalogue sur notre site **www.editionsleduc.com**, et achetez directement ceux qui vous intéressent, au format papier ou numérique.

Conformément à la loi Informatique et Libertés du 6 janvier 1978, vous disposez d'un droit d'accès et de rectification aux données personnelles vous concernant.

Achevé d'imprimer en Espagne
sur les presses de Novoprint
Dépôt légal : août 2014